Sachkunde im Bewachungsgewerbe (IHK)

Robert Schwarz

Sachkunde im Bewachungsgewerbe (IHK)

Lehrbuch für Prüfung und Praxis

6., überarbeitet und aktualisierte Auflage

 Springer Gabler

Robert Schwarz
Berlin, Deutschland

ISBN 978-3-658-38141-7   ISBN 978-3-658-38142-4   (eBook)
https://doi.org/10.1007/978-3-658-38142-4

Die Deutsche Nationalbibliothek verzeichnet diese Publikation in der Deutschen Nationalbiblio-
grafie; detaillierte bibliografische Daten sind im Internet über http://dnb.d-nb.de abrufbar.

Planung/Lektorat: Irene Buttkus
Springer Gabler ist ein Imprint der eingetragenen Gesellschaft Springer Fachmedien Wiesbaden
GmbH und ist ein Teil von Springer Nature.
Die Anschrift der Gesellschaft ist: Abraham-Lincoln-Str. 46, 65189 Wiesbaden, Germany

Die Sicherheit eines Menschen ist hauptsächlich von der Tatsache abhängig, dass niemand ihn umzubringen wünscht.

(aus: Agatha Christie, Das Sterben in Wychwood)

Vorwort

Die Sicherheitswirtschaft hat sich in den letzten Jahren zunehmend professioneller aufgestellt und trägt damit dem gestiegenen **Sicherheitsbedürfnis** ihrer Kunden und den veränderten Bedrohungsszenarien, wie der zum Teil stark gestiegenen Kriminalität, Rechnung.

Komplexere Aufgabenstellungen bei der Auftragsdurchführung, die Notwendigkeit der **Kundenorientierung** und der Einsatz modernster **Sicherheitstechnik** erfordern damit aber auch entsprechend qualifiziertes Personal.

Dem hat sich die Ausbildung angepasst und bildet mit der Sachkundeprüfung den ersten Baustein für eine professionelle Aufgabendurchführung unter den veränderten Rahmenbedingungen. Weiterführende Abschlüsse bis hin zum Meister für Schutz und Sicherheit ermöglichen darüber hinaus die kontinuierliche Fort- und Weiterbildung.

Die gestiegenen Anforderungen an Sicherheitsmitarbeiter und ihre Tätigkeit finden sich folgerichtig auch in den inhaltlichen Schwerpunkten für die Sachkundeprüfung wieder:

- Rechtssicheres Handeln
- Einsatz von Sicherheitstechnik und
- Umgang mit Menschen

Das vorliegende Lehrbuch richtet sich an alle, die die Unterrichtung gem. § 34a GewO absolvieren oder die Sachkundeprüfung im Bewachungsgewerbe vor einer Industrie- und Handelskammer (IHK) ablegen wollen. Die Inhalte wurden entsprechend in Anlehnung an den derzeit gültigen Rahmenstoffplan Rahmenstoffplan ausgewählt und in der 2. Auflage aktualisiert. Die aktuelle 4. Auflage wurde sorgfältig durchgesehen und kleinere Fehler korrigiert.

Die **Prüfung** vor der IHK gliedert sich in zwei Teile: den schriftlichen und den mündlichen Teil.

Gliederung der Prüfung		
Schriftlicher Teil	→	120 Minuten
Mündlicher Teil	→	Fachgespräch 15 Minuten

Die **Prüfungsordnung** finden Sie auf den Internetseiten Ihrer zuständigen IHK (z. B. www.ihk-berlin.de) und zusätzlich eine **Musterprüfung** auf dem DIHK Bildungsserver (www.dihk-bildungs-gmbh.de).

Es ist empfehlenswert, beim Durcharbeiten der Kapitel die einschlägigen Gesetze und Verordnungen jeweils einmal vollständig zu lesen, um sich an den Umgang damit zu gewöhnen. Alle einschlägigen Vorschriften in der jeweils gültigen Fassung finden Sie auf den folgenden Internetportalen:

Rechtsgrundlagen
www.gesetze-im-internet.de
www.vbg.de

Wegen der besseren Lesbarkeit wurde jeweils auf die Verwendung der weiblichen und männlichen Form verzichtet, wo dies zutrifft, sind aber stets beide Geschlechter gemeint.

Viel Erfolg!

Berlin, Deutschland   Robert Schwarz
im August 2022

Inhaltsverzeichnis

Abkürzungsverzeichnis

Abs.	Absatz
ArbSchG	Arbeitsschutzgesetz
Art.	Artikel
BewachV	Verordnung über das Bewachungsgewerbe
BGB	Bürgerliches Gesetzbuch
BGV	Berufsgenossenschaftliche Vorschriften
BMA	Brandmeldeanlage
DIN	Deutsches Institut für Normung
DGUV	Deutsche gesetzliche Unfallversicherung
DSGVO	Datenschutzgrundverordnung
EMA	Einbruchmeldeanlage
EN	Europäische Norm
GewO	Gewerbeordnung
GG	Grundgesetz
GMA	Gefahrenmeldeanlage
GS	Gruppenschlüssel
HGS	Hauptgruppenschlüssel
HS	Hauptschlüssel
Nr.	Nummer
NSL	Notruf- und Serviceleitstelle
OwiG	Gesetz über Ordnungswidrigkeiten
SGB	Sozialgesetzbuch
StGB	Strafgesetzbuch
StPO	Strafprozessordnung
ÜMA	Überfallmeldeanlage
WaffG	Waffengesetz

WK	Widerstandsklasse
ZA	Zentralschlossanlage
Z. B.	Zum Beispiel
ZPO	Zivilprozessordnung

Recht der öffentlichen Sicherheit und Ordnung

Wir alle unterliegen in unserem täglichen Tun und Handeln vielfältigen rechtlichen Regelungen und Normen – bewusst und unbewusst.

So müssen sich auch Sicherheitsmitarbeiter bei der Wahrnehmung ihrer Aufgaben im Rahmen der gültigen Rechtsnormen bewegen. **Wann und wie weit ist ein Eingreifen erforderlich und zulässig und welche Mittel dürfen dabei eingesetzt werden?**

Gerade in Konfliktsituationen müssen die eigenen Grenzen beherrscht und eingehalten werden – Unrecht kann und darf nicht mit Unrecht bekämpft werden. Daher ist **rechtssicheres Handeln** die wichtigste Voraussetzung für die Ausübung einer solchen Tätigkeit.

Die folgenden Abschnitte erläutern die Grundprinzipien unserer Rechtsordnung, wichtige Begriffe und die Stellung der privaten Sicherheit mit ihren Rechten und Pflichten innerhalb des Rechtssystems.

© Springer Fachmedien Wiesbaden GmbH, ein Teil von Springer Nature 2023
R. Schwarz, *Sachkunde im Bewachungsgewerbe (IHK)*,
https://doi.org/10.1007/978-3-658-38142-4_1

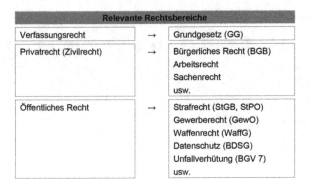

1.1   Einführung

1.1.1   Öffentliche Sicherheit und Ordnung

Verlässliche Regeln sind das Fundament unserer Gesellschaft, ohne sie wäre ein sicheres und geordnetes Zusammenleben kaum vorstellbar. Daher ist heute nahezu jeder Lebensbereich von diesen Normen erfasst – sie legen die Grenzen fest, in denen wir uns bewegen können und sollen und drohen Konsequenzen für den Fall an, dass diese Grenzen überschritten werden.

Dies garantiert die **öffentliche Sicherheit und Ordnung** als Unversehrtheit der objektiven Rechtsordnung und der subjektiven Rechte und Rechtsgüter jedes Einzelnen.

Auf der einen Seite unterliegen Sicherheitsdienste und ihre Mitarbeiter den Regeln dieser Ordnung, sorgen aber auf der anderen Seite gleichzeitig auch für deren Aufrechterhaltung, indem sie die subjektiven Rechte und Rechtsgüter ihrer Auftraggeber schützen.

Insoweit kommt ihnen eine **besondere Stellung** und **Verantwortung** innerhalb des Systems der öffentlichen Sicherheit und Ordnung zu.

▶ **Öffentliche Sicherheit und Ordnung** bezeichnet einen Zustand, in dem in einem funktionsfähigen Staat verbindliche Rechtsnormen existieren, deren Einhaltung und der Schutz individueller Rechtsgüter (Eigentum, Freiheit usw.) jederzeit gewährleistet sind.

1.1.2 Recht und Rechtsordnung

Die Rechtsordnung oder auch das Rechtssystem bezeichnen die **Gesamtheit des gültigen Rechts** innerhalb eines Anwendungsbereiches, hier zum Beispiel in der Bundesrepublik Deutschland. Hierzu gehören neben den eigentlichen **Rechtsnormen** (Gesetze, Verordnungen usw.) auch **Urteile** durch ordentliche Gerichte als Anwendung der jeweils gültigen Rechtsnormen.

Recht der Bundesrepublik Deutschland	
geschriebenes Recht	**ungeschriebenes Recht**
Gesetze	Gewohnheitsrecht
Verordnungen	
Satzungen	
Rechtsprechung	
Verträge	
usw.	

Als letzten Bereich zählen wir **freie Vereinbarungen** (wie z. B. Arbeits- oder Bewachungsverträge) und das so genannte **Gewohnheitsrecht** zur Gesamtheit des gültigen Rechts.

Im Unterschied zu Gesetzen und Verordnungen, wo dem Einzelnen bestimmte Rechte und Pflichten auferlegt werden, ohne dass dieser Einfluss hierauf hat, können **Rechte und Pflichten aus Verträgen** frei verhandelt und festgelegt werden. Hier habe ich als Einzelner also Einfluss auf die mir auferlegten Grenzen und Konsequenzen bzw. kann entscheiden, ob ich auf diese eingehe oder nicht.

Das **Gewohnheitsrecht** als besondere Rechtsform entsteht als einziger Teil der Rechtsordnung nicht durch Festlegung, sondern durch seine Anwendung selbst.

Ein Beispiel: Gestatte ich einem Fremden über einen längeren Zeitraum auf meinem Grundstück zu wohnen, ohne dass hierfür ein Mietvertrag existiert, kann der Bewohner unter Umständen ein dauerhaftes Wohnrecht erlangen. Das Wohnrecht entsteht hier also nicht wie üblich durch die Festlegung in einem Vertrag, sondern vereinfacht ausgedrückt durch das Wohnen selbst. Das Gewohnheitsrecht wird daher häufig auch als ungeschriebenes Recht bezeichnet.

► **Recht** bezeichnet die Gesamtheit der Rechtssätze (Gesetze, Verordnungen, Satzungen usw.), die für einen bestimmten Anwendungsbereich (Gebiet, Personen usw.) Gültigkeit haben. Dabei regelt das materiell Recht Inhalt und Voraussetzungen von Ansprüchen (z. B. BGB), das formelle Recht hingegen die Durchsetzung der Ansprüche (z. B. ZPO).

1.1.3   Privatrecht und öffentliches Recht

Üblicherweise wird das deutsche Rechtssystem neben dem Verfassungsrecht in zwei weitere Bereiche untergliedert: das Privatrecht und das öffentliche Recht.

Recht	
Privatrecht	**Öffentliches Recht**
z. B. BGB, HGB	z. B. StGB, GewO

Das **Privatrecht** oder auch **Zivilrecht** regelt die rechtlichen Beziehungen der Bürger untereinander. Dabei sind die Beteiligten rechtlich gleichgestellt, wie z. B. beim Kauf eines Buches, dem Abschluss eines Mietvertrages oder dem Abschluss eines Arbeitsvertrages.

Privatrecht		
Bürger	↔	Bürger

Wie in der Grafik zu erkennen ist, handelt es sich um eine horizontale Beziehung auf gleicher Ebene. Das grundlegende Prinzip dieses Rechtsbereichs ist folglich die **Gleichberechtigung/Gleichbehandlung** der beteiligten Partner (Koordinationsprinzip).

Zu den Normen des Privatrechts zählen z. B. das Bürgerliche Gesetzbuch (BGB) und das Handelsgesetzbuch (HGB).

Das **öffentliche Recht** hingegen regelt die rechtlichen Beziehungen zwischen dem Staat und seinen Bürgern. Hier ist **der Staat den Bürgern übergeordnet** (Subordinationsprinzip).

Öffentliches Recht
Staat

↕

| Bürger |

Zu den Normen des öffentlichen Rechts gehören z. B. das Strafrecht, das Steuerrecht und das Gewerberecht. Wie bereits oben beschrieben, werden dem Bürger hier vom Staat Rechte und Pflichten auferlegt, auf die er keinen direkten Einfluss hat.

1.1.4 Hoheitliche Rechte und Gewaltmonopol

Hoheitliche Rechte beschreiben die Befugnisse des Staates, die er gegenüber seinen Bürgern zum **Schutz der öffentlichen Sicherheit und Ordnung** ausüben darf. Sie stehen daher ausschließlich dem Staat und seinen Exekutivorganen (Polizei, Ordnungsamt usw.) zu.

Sicherheitsunternehmen werden nur vereinzelt hoheitliche Aufgaben übertragen (z. B. Luftsicherheit, Schutz von Bundeswehrliegenschaften), sie werden aber ansonsten nicht hoheitlich tätig – üben also keine hoheitlichen Rechte im Rahmen ihrer Tätigkeit aus.

Desgleichen obliegt dem Staat das **Gewaltmonopol,** also die Befugnis, körperliche Gewalt (körperliche Gewalt und andere Zwangsmaßnahmen) im Rahmen seiner Aufgaben anzuwenden. Privatpersonen und damit auch Mitarbeitern privater Sicherheitsdienste ist dies nur in Ausnahmefällen (Notwehr usw.) gestattet.

1.1.5 Rechtliche Stellung der privaten Sicherheit

Wie wir bereits gesehen haben, obliegen der Schutz der öffentlichen Sicherheit und Ordnung und der Schutz der Bürger dem Staat und seinen Organen. Der Einsatz von Polizei und anderen Exekutivorganen ist **öffentlich rechtlich** geregelt.

Gewerbliche Bewachungsunternehmen sind Einrichtungen mit **privatrechtlichem Charakter** und werden auf der Grundlage des von einem Auftraggeber erteilten Auftrages tätig. Ihr Einsatz ist **privatrechtlich geregelt.**

Dies ist selbst dann der Fall, wenn der Auftrag hierzu von einem öffentlichen Auftraggeber z. B. im Rahmen einer **Public Private Partnership (PPP)**, einer Zusammenarbeit von öffentlichem und privatem Sektor, erteilt wurde und hoheitliche Rechte übertragen wurden.

Rechtliche Stellung	
Polizei	Private Sicherheit
Hoheitliche Rechte	Jedermannsrechte
Öffentlich rechtlich geregelt	Privatrechtlich geregelt
Handeln Kraft Gesetz	Handeln in privatem Auftrag

Die Bewachung von Bundeswehrliegenschaften ist dabei ein gutes Beispiel für ein PPP-Projekt. Die Bundeswehr gliedert eine eigentlich hoheitliche Aufgabe, die Bewachung ihrer Liegenschaften, vertraglich an ein privates Sicherheitsunternehmen aus.

Während Polizei, Ordnungsämter usw. bei ihren Aufgaben also auf hoheitliche Rechte zurückgreifen können, werden Sicherheitsmitarbeiter nur im Rahmen der so genannten **Jedermannsrechte** – Rechte, die jedem Staatsbürger zustehen – tätig.

1.1.6   Jedermannsrechte

Wenn jedem bestimmte Rechte (Eigentum, körperliche Unversehrtheit usw.) zustehen, so muss es auch jedem zustehen, sich gegen Angriffe auf die eigene Person oder diese Rechte zu verteidigen, wenn staatliche Organe nicht verfügbar oder dazu in der Lage sind. So kann die Polizei beispielsweise erst bei einem konkreten Verdacht eingreifen, präventiv jedoch kann und darf sie nicht tätig werden. Diese „Lücke" schließt unsere Rechtsordnung mit Hilfe der so genannten Jedermannsrechte.

Da Sicherheitsdienste ohne hoheitliche Rechte auskommen müssen, finden wir genau hier die Rechtsgrundlagen, die sie für ihre Tätigkeit brauchen – gewissermaßen ihr **„Handwerkszeug"**.

Die folgenden Abbildungen zeigen eine Übersicht der Jedermannsrechte nach deutschem Recht. Im späteren Verlauf werden wir auf die einzelnen Normen zurückkommen und sie genauer betrachten.

Bürgerliches Gesetzbuch (BGB)		
Paragraph		**Inhalt**
§ 227 BGB	→	Notwehr, Nothilfe
§ 228 BGB	→	Verteidigungsnotstand
§ 229 BGB	→	Allgemeine Selbsthilfe
§ 859 BGB	→	Selbsthilfe des Besitzers
§ 860 BGB	→	Selbsthilfe des Besitzdieners
§ 904 BGB	→	Angriffsnotstand

Strafgesetzbuch (StGB)		
Paragraph		**Inhalt**
§ 32 StGB	→	Notwehr, Nothilfe
§ 33 StGB	→	Notwehrüberschreitung
§ 34 StGB	→	Rechtfertigender Notstand
§ 35 StGB	→	Entschuldigender Notstand

Strafprozessordnung (StPO)		
Paragraph		**Inhalt**
§ 127 StPO	→	Vorläufige Festnahme

1.2 Das Grundgesetz der Bundesrepublik Deutschland (GG)

Das Grundgesetz der Bundesrepublik Deutschland gehört als **Verfassung** unseres Landes zum Verfassungsrecht und steht als ranghöchstes Gesetz über allen anderen Rechtsnormen.

Somit gibt es, wie bei einem Bilderrahmen, den **rechtlichen Rahmen** vor, in dem sich Recht, Gesetz und Bürger bewegen.

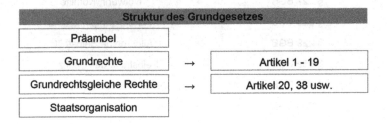

Im Gegensatz zu allen anderen Gesetzestexten ist es nicht in Paragrafen (§), sondern in Artikel (Art.) untergliedert.

Der Präambel folgen in den Artikeln 1 bis 19 die so genannten Grundrechte. Hiernach folgen die so genannten grundrechtsgleichen Rechte und der Komplex des Staatsorganisationsrechts.

1.2.1 Grundrechte

Als Grundrechte werden diejenigen Rechte im Grundgesetz bezeichnet, die jedem Menschen (daher auch Menschenrechte) und speziell jedem Staatsbürger (daher auch Bürgerrechte) zustehen.

Sie regeln in verbindlicher Weise die Rechtsbeziehung der Menschen gegenüber dem Staat. Insoweit sind sie als **Abwehrrechte gegenüber den Trägern der Hoheitsgewalt** (Abwehrrechte der Bürger gegenüber dem Staat) ausgestaltet und bieten ihnen Schutz vor zu weitreichenden Eingriffen. Immer wieder in der Diskussion ist dies z. B. bei der Datenspeicherung oder auch der Videoüberwachung in öffentlichen Bereichen.

Grundrechte / Grundrechtsgleiche Rechte	
Menschenrechte	**Bürgerrechte**
Jedem Menschen	Jedem Staatsbürger

Die Grundrechte wirken aber auch in den Rechtsbeziehungen gegenüber anderen Menschen (Bürgern). Wird das Grundrecht eines Bürgers durch einen anderen

Bürger verletzt, hat dieser Anspruch auf Beseitigung der Rechtsverletzung, z. B. im Klageweg durch die Rechtsprechung. Man spricht hier daher von der **Drittwirkung der Grundrechte.** Diese Drittwirkung ist insbesondere natürlich für den Sicherheitsdienst bei der Wahrnehmung seiner Aufgaben von Bedeutung.

1.2.2   Arten von Grundrechten

Zur besseren Übersicht lassen sich die Grundrechte und grundrechtsgleichen Rechte in drei Kategorien unterteilen.

Arten von Grundrechten		
Freiheitsrechte	→	Art. 2, 4 usw.
Gleichheitsrechte	→	Art. 3, 6 usw.
Verfahrensrechte	→	Art. 19, 101 usw.

1.2.3   Wichtige Grundrechte

In diesem Abschnitt wollen wir uns einige wichtige Grundrechte und ihre Bedeutung für die Wahrnehmung von Sicherheitsaufgaben näher anschauen.

Artikel 1	Menschenwürde
Artikel 2	Freie Entfaltung, Freiheit und körperliche Unversehrtheit
Artikel 3	Gleichheit vor dem Gesetz
Artikel 5	Meinungsfreiheit
Artikel 8	Versammlungsfreiheit
Artikel 10	Brief-, Post und Fernmeldegeheimnis
Artikel 12	Freie Berufswahl
Artikel 13	Unverletzlichkeit der Wohnung
Artikel 14	Schutz des Eigentums

1.2.3.1 Schutz der Menschenwürde (Art. 1 GG)

Die Menschenwürde ist der **zentrale Wertbegriff des Grundgesetzes**. Sie steht jedem Menschen unabhängig von Rasse, Religion, Herkunft oder Staatsangehörigkeit von Geburt an bis zum Tode zu. Das Grundgesetz stellt in Art. 1 auch unmissverständlich klar, dass auf dieses Recht weder verzichtet noch es veräußert werden kann.

Artikel 1 GG (Auszug)

(1) Die Würde des Menschen ist unantastbar. Sie zu achten und zu schützen ist Verpflichtung aller staatlichen Gewalt.

Doch was bedeutet der **Begriff der Menschenwürde** im Einzelnen und welche Bedeutung kommt ihm im Zusammenhang mit der Ausübung von Sicherheitsaufgaben zu?

Das Bundesverfassungsgericht hat den Begriff der Menschenwürde in verschiedenen Entscheidungen als natürlichen **Anspruch des Menschen auf Wertschätzung und Achtung** definiert. Folglich hat jeder Mensch das Recht auf eine wertschätzende und würdige Behandlung.

Danach verbietet sich – sowohl für den Staat selbst als auch für jeden Bürger – die unwürdige Behandlung eines anderen Menschen.

Bei der Wahrnehmung von Sicherheitsaufgaben, besonders auch bei Zugangs- und/oder Personenkontrollen, wo wir in direkten Kontakt mit anderen Menschen kommen, haben wir die Pflicht, die Würde dieser Menschen zu achten und zu schützen und jede unwürdige Behandlung zu unterlassen. Hierzu zählen beispielsweise:

- unwürdige Bestrafung
- Misshandlung
- Folter
- Beleidigung
- usw.

1.2.3.2 Freie Entfaltung, Freiheit und körperliche Unversehrtheit (Art. 2 GG)

Diese drei Grundrechte sind zwar in einem Artikel geregelt, sind jedoch nicht zwangsläufig miteinander verknüpft. Es handelt sich um drei unabhängig und gleichrangig nebeneinander stehende Rechte.

Artikel 2 GG (Auszug)

(1) Jeder hat das Recht auf die freie Entfaltung seiner Persönlichkeit, soweit er nicht die Rechte anderer verletzt (…)

(2) Jeder hat das Recht auf Leben und körperliche Unversehrtheit. Die Freiheit der Person ist unverletzlich. In dieses Recht darf nur auf Grund eines Gesetzes eingegriffen werden.

Das Grundgesetz garantiert demnach jedem seine **Freiheit, freie Entfaltung und körperliche Unversehrtheit,** stellt aber auch klar, dass diese Rechte dort ihre Grenze haben, wo die Rechte anderer verletzt werden.

Halten Sie beispielsweise einen Angreifer kurzzeitig fest, um zu verhindern, dass er seinen Angriff fortsetzt, beschränken Sie seine Freiheit. Sie tun dies jedoch, um ein anderes Recht zu schützen, das Recht auf körperliche Unversehrtheit des Angegriffenen.

1.2.3.3   Gleichheit vor dem Gesetz (Art. 3 GG)

Artikel 3 stellt die Gleichheit aller Menschen vor Recht und Gesetz klar und regelt im Absatz 3 ausdrücklich Merkmale, wegen derer niemand benachteiligt oder bevorzugt werden darf:

- Geschlecht
- Abstammung
- Rasse
- Sprache
- Heimat oder Herkunft
- Glauben
- Religiöse und politische Anschauung
- Behinderung (hier nur Verbot der Benachteiligung)

Das **Gebot der Gleichbehandlung** bezieht sich dabei sowohl auf geltendes Recht (Gesetze, Verordnungen usw.) als auch auf dessen Anwendung (vor Gericht, bei der Ausübung von Sicherheitsaufgaben usw.).

Artikel 3 GG (Auszug)

(1) Alle Menschen sind vor dem Gesetz gleich.

(2) (…)

(3) Niemand darf wegen seines Geschlechts, seiner Abstammung, seiner Rasse, seiner Sprache, seiner Heimat oder Herkunft, seines Glaubens, seiner religiösen

und politischen Anschauung benachteiligt oder bevorzugt werden. Niemand darf wegen seiner Behinderung benachteiligt werden.

1.2.3.4 Meinungsfreiheit (Art. 5 GG)

Das **Recht auf freie Meinungsäußerung** erstreckt sich auch auf die **Freiheit von Presse und Berichterstattung.** Jeder kann seine Meinung frei äußern. Auch dieses Recht findet natürlich, wie wir bereits bei den Artikeln 2 und 3 gesehen haben, dort seine Grenze, wo Rechte anderer oder Gesetze zum Schutz der Rechte anderer verletzt werden.

Damit sind ehrverletzende, entwürdigende oder diskriminierende Äußerungen nicht von der Meinungsfreiheit gedeckt.

Artikel 5 GG (Auszug)

(1) Jeder hat das Recht, seine Meinung in Wort, Schrift und Bild frei zu äußern und zu verbreiten (…)

(2) Diese Rechte finden ihre Schranken in den Vorschriften der allgemeinen Gesetze, (…)

1.2.3.5 Versammlungsfreiheit (Art. 8 GG)

Unter dem **Begriff Versammlung** ist hier eine Zusammenkunft mehrerer Personen zu verstehen, die einen gemeinsamen Zweck verfolgen, der von allgemeinem Interesse ist, also z. B. eine Demonstration oder Kundgebung. Eine Versammlung ist demnach immer politischer oder meinungsbildender Natur. Die Berliner Loveparade beispielsweise hat diesen Status nicht und ist somit auch nicht vom Grundrecht geschützt.

Von der Möglichkeit zur Beschränkung von Versammlungen unter freiem Himmel durch ein Gesetz wurde Gebrauch gemacht, so dass Versammlungen unter freiem Himmel einer Anmeldung bedürfen und unter bestimmten Bedingungen, z. B. wenn die öffentliche Sicherheit gefährdet ist, verboten werden können.

Artikel 8 GG

(1) Alle Deutschen haben das Recht, sich ohne Anmeldung oder Erlaubnis friedlich und ohne Waffen zu versammeln.

(2) Für Versammlungen unter freiem Himmel kann dieses Recht durch Gesetz oder auf Grund eines Gesetzes beschränkt werden.

1.2.3.6 Brief-, Post und Fernmeldegeheimnis (Art. 10 GG)

Dieses Grundrecht schützt die **private Kommunikation der Bürger** gleichermaßen, unabhängig davon, welches Medium sie hierfür nutzen. So schützt das Gesetz auch die Kommunikation via Internet/E-Mail, obwohl dies im Gesetzestext nicht ausdrücklich formuliert ist. Entscheidend ist, dass es sich um eine **Kommunikation über eine gewisse Distanz** handelt, für die ein Medium genutzt wird.

Der Schutz bezieht sich dabei sowohl auf staatliche Eingriffe wie z. B. durch die Polizei und andere staatliche Organe als auch auf den Schutz vor Privatpersonen, wie z. B. Mitarbeitern von Sicherheitsdiensten.

Artikel 10 GG (Auszug)

(1) Das Briefgeheimnis sowie das Post- und Fernmeldegeheimnis sind unverletzlich.

(2) Beschränkungen dürfen nur auf Grund eines Gesetzes angeordnet werden.

(…)

Dabei erstreckt sich der Schutz nicht nur auf den bloßen Inhalt, sondern beginnt bereits bei der Kommunikation selbst. Die Informationen über Ort, Zeit, Dauer und Beteiligte sind ebenso schutzwürdig im Sinne dieses Gesetzes.

Einschränkungen dieses Grundrechts bedürfen eines Gesetzes, das aus den in Absatz 2 genannten Gründen staatlichen Stellen (nicht Sicherheitsunternehmen) erlaubt, auf die betreffenden Informationen ohne Wissen der Betroffenen zuzugreifen und beispielsweise eine Telefonüberwachung bei Verdächtigen durchzuführen. Zum Schutz:

- der freiheitlich demokratischen Grundordnung
- des Bestandes oder der Sicherung des Bundes oder
- eines Landes

Zu beachten ist, dass **Eingriffe der staatlichen Gewalt vorbehalten** sind. Eine Detektei wird also in keinem Fall die Genehmigung für eine Telefonüberwachung im Rahmen ihrer Tätigkeit erhalten können.

1.2.3.7 Freie Berufswahl (Art. 12 GG)
Artikel 12 GG (Auszug)

(1) Alle Deutschen haben das Recht, Beruf, Arbeitsplatz und Ausbildungsstätte frei zu wählen. Die Berufsausübung kann durch Gesetze oder auf Grund eines Gesetzes geregelt werden.

(2) (…)

(3) (…)

Das Recht der freien Berufswahl erstreckt sich dabei auf die Wahl und die Ausübung des Berufes. Wobei der **Beruf als jede Tätigkeit verstanden wird, die auf Dauer angelegt ist und dem Lebensunterhalt dient.**

In Deutschland finden wir jedoch, wie dies in Absatz 1 vorgesehen ist, zahlreiche gesetzliche Regelungen, die die Ausübung verschiedener Berufe regeln und damit das Grundrecht auf freie Berufswahl einschränken.

Hier sind grundsätzlich zwei Arten von Beschränkungen zu unterscheiden. Zum einen die **Beschränkungen bei der Berufswahl** und zum anderen die **Beschränkung bei der Berufsausübung.**

Einschränkungen	
Berufszugang	**Berufsausübung**
Zugangsbeschränkungen (subjektiv und/oder objektiv)	Beschränkungen und Regelungen, wie der Beruf ausgeübt werden darf (muss).
Zugang nur mit entsprechendem Nachweis von Qualifikationen oder Eignung (Sachkunde, Zuverlässigkeit usw.)	z. B. Beschränkung der Arbeitszeit durch das Arbeitszeitgesetz, Erlaubnis zum Führen einer Waffe nur bei bestimmten Aufgaben usw.

1.2.3.7.1 Beschränkungen bei der Berufswahl
Hier geht es um **subjektive und objektive Zugangsvoraussetzungen.** Die Ausübung des Berufes wird an das Vorhandensein bestimmter Voraussetzungen geknüpft. Wir unterscheiden dabei persönliche (subjektive) und sachliche (objektive) Voraussetzungen.

Persönliche Zugangsvoraussetzungen können z. B. sein:

- Zuverlässigkeit
- nicht einschlägig vorbestraft
- geordnete Vermögensverhältnisse
- usw.

Sachliche Zugangsvoraussetzungen können z. B. sein:

- ein bestimmter Berufsabschluss (Studium, Staatsexamen usw.)
- Nachweis der Sachkunde
- usw.

Für das Bewachungsgewerbe kennen wir insbesondere die Zuverlässigkeit, Straffreiheit und die Sachkunde oder Unterrichtung oder einen höheren Abschluss z. B. als Geprüfte Schutz- und Sicherheitskraft.

1.2.3.7.2 Beschränkungen bei der Berufsausübung

Hier geht es um das Wie der Berufsausübung. Dabei gibt es unter anderem zeitliche, räumliche, aber auch inhaltliche Beschränkungen. Beispielhaft seien hier das Verbot der Sonntagsarbeit oder das Ladenschlussgesetz, das Führen von Waffen im Sicherheitsdienst nur in bestimmten Aufgabenbereichen und z. B. das Verbot, eine Tankstelle in einem Naturschutzgebiet zu betreiben, genannt.

1.2.3.8 Unverletzlichkeit der Wohnung (Art. 13 GG)

Artikel 13 schützt die Wohnung vor willkürlichem Eingriff des Staates. Der Begriff Wohnung umfasst dabei jeden umschlossenen Raum, der zum Wohnen oder Schlafen benutzt wird. Damit umfasst er auch z. B. Hotelzimmer und überwiegend ortsfeste Wohnwagen.

Artikel 13 GG (Auszug)

(1) Die Wohnung ist unverletzlich.

(2) Durchsuchungen dürfen nur durch den Richter, bei Gefahr im Verzug auch durch die in den Gesetzen vorgesehenen anderen Organe angeordnet und nur in der dort vorgeschriebenen Form durchgeführt werden. (…)

Das Recht aus Artikel 13 steht neben dem zivilrechtlichen Eigentümer auch dem **rechtmäßigen Besitzer** zu (Näheres hierzu siehe Abschnitt Privatrecht, Eigentum und Besitz).

Denkbare Eingriffe in die Unverletzlichkeit der Wohnung sind im Wesentlichen die Durchsuchung und sonstige Eingriffe oder Beschränkungen wie beispielsweise das Abhören der Räumlichkeiten mit Hilfe von technischen Einrichtungen (z. B. so genannte Wanzen).

Jeder dieser Eingriffe ist nur unter strengen, gesetzlich geregelten Voraussetzungen zulässig.

1.2.3.9 Schutz des Eigentums (Art. 14 GG)

Das **Eigentum** ist in unserer Gesellschaft hoch geachtet und unterliegt im Artikel 14 dem Schutz vor staatlichen Eingriffen. **Enteignungen** sind nur in sehr engen Grenzen (Art. 14 Abs. 3 GG) überhaupt möglich.

Dabei erstreckt sich der Schutz des Eigentums über den Tod des Eigentümers hinaus. Durch die Gewährleistung eines Erbrechts wird garantiert, dass der Eigentümer über seinen Tod hinaus Verfügungen (Testament) treffen kann, wie mit seinem Eigentum zu verfahren ist.

Artikel 14 GG (Auszug)

(1) Das Eigentum und das Erbrecht werden gewährleistet. (…)

(2) Eigentum verpflichtet. Sein Gebrauch soll zugleich dem Wohle der Allgemeinheit dienen.

(3) Eine Enteignung ist nur zum Wohle der Allgemeinheit zulässig. (…)

Der Begriff **Eigentum** ist hierbei nicht mit dem Begriff Vermögen gleichzusetzen. Eigentum bezieht sich stets nur auf ein einzelnes, konkretes Recht.

Vermögen meint die Gesamtheit der im Eigentum befindlichen Rechte. Damit bezieht sich auch die Schutzwirkung des Art. 14 GG stets nur auf das Eigentum eines einzelnen Rechtes und nicht auf das Vermögen als Ganzes.

Zusammenfassend lässt sich sagen, dass die Grundrechte des Grundgesetzes also immer dort eingeschränkt sind bzw. ihre Grenze haben, wo Rechte anderer verletzt werden. Dies ergibt sich schon aus dem Sinn des Gesetzes, denn jeder ist gleichberechtigter Inhaber dieser Rechte.

1.2.4 Verfassungsgrundsätze (Art. 20 GG)

Das Grundgesetz kennt fünf Verfassungsgrundsätze. Sie bilden die **rechtliche Grundordnung** der Bundesrepublik Deutschland als oberste Leitlinie.

Verfassungsgrundsätze
Demokratie
Sozialstaatlichkeit
Bundesstaatlichkeit
Republikanisches Prinzip
Rechtsstaatlichkeit

Das Volk als Inhaber aller Macht in einer **Demokratie** wählt Vertreter, die in dessen Namen die staatliche Gewalt ausüben. Als gesetzgebende Gewalt (Legislative), als vollziehende Gewalt (Exekutive) und als rechtsprechende Gewalt (Judikative). Die staatlichen Gewalten sind damit nicht auf ein Organ konzentriert, sondern streng voneinander getrennt (**Gewaltenteilung**).

Gewaltenteilung		
Legislative	→	Gesetzgebende Gewalt
Exekutive	→	Ausführende Gewalt
Judikative	→	Rechtsprechende Gewalt

Die Volksvertreter werden jeweils nur für eine begrenzte Zeit gewählt (**Republik**) und nicht auf Lebenszeit bestimmt. Grundlage allen staatlichen Handelns sind Recht und Gesetz (**Rechtsstaatlichkeit**).

Das Prinzip der Rechtsstaatlichkeit umfasst folgende Einzelgrundsätze:

- das Handeln ausschließlich auf der Grundlage von Gesetzen
- die Gewaltenteilung
- das Recht, sich gerichtlich gegen staatliche Maßnahmen zur Wehr zu setzen
- der Verhältnismäßigkeitsgrundsatz

Den Grundsatz der Verhältnismäßigkeit werden wir später in den anderen Rechtsbereichen, insbesondere im Strafrecht, wiederfinden (siehe dort zur Erklärung).

Als **Bundesstaat** ist die Bundesrepublik Deutschland ein Zusammenschluss einzelner, souveräner Länder (Bundesländer) zu einem Gesamtstaat. Bestimmte Regelungsbereiche des Rechts unterliegen der Bundeshoheit und bestimmte Bereiche der Länderhoheit, das bedeutet: Entweder Bund oder Länder sind für die Gesetzgebung zuständig.

Polizei und Bildung beispielsweise unterliegen der Länderhoheit. So hat jedes Bundesland ein eigenes, nur in diesem Land gültiges Polizeigesetz. Die Strafgesetzgebung z. B. unterliegt der Bundeshoheit, es gibt bundeseinheitliche Strafgesetze.

Als **Sozialstaat** hat der Staat die Verpflichtung, soziale Unterschiede zwischen den Bürgern auszugleichen und hat hierfür entsprechende Maßnahmen zu ergreifen (Arbeitslosengeld usw.).

1.3   Gewerberecht

Das Gewerberecht regelt als Teil des öffentlichen Rechts die **Berufsausübung der Gewerbebetriebe** und dient vorrangig der **Gefahrenabwehr.** Wie wir im Abschnitt über die freie Berufswahl gesehen haben, kann der Zugang zu bestimmten Berufen und/oder deren Ausübung durch Gesetze näher geregelt werden. Die Gewerbeordnung regelt dies unter anderem für das private Sicherheitsgewerbe.

In den folgenden beiden Abschnitten werden wir uns die beiden für das Sicherheitsgewerbe wichtigen Bereiche näher anschauen: die **Gewerbeordnung** (GewO) und die **Bewachungsverordnung** (BewachV).

1.3.1   Gewerbeordnung (GewO)

Die Gewerbeordnung ist ein Bundesgesetz, das die Gewerbeausübung bundeseinheitlich regelt.

Übersicht relevanter Paragraphen der GewO	
Paragraph	**Inhalt**
§ 11b GewO	→	Bewacherregister
§ 14 GewO	→	Anzeigepflicht
§ 29 GewO	→	Auskunft und Nachschau
§ 34a GewO	→	Bewachungsgewerbe
§ 144 GewO	→	Ordnungswidrigkeiten

Neben den eigentlichen Regelungen bezüglich der Gewerbeausübung finden wir in der GewO weitere Regelungsbereiche, wie z. B. Bestimmungen zum Arbeitsrecht (§§ 105–110 GewO) und Strafvorschriften (§§ 148 f. GewO).

Damit ist die Gewerbeordnung in Teilen auch dem Arbeits- und dem Nebenstrafrecht zuzuordnen.

Historisch stammt sie aus dem Jahr 1869 und wurde als „Gewerbeordnung für den norddeutschen Bund" erlassen und dann im Jahre 1883 auf das gesamte Deutsche Reich ausgeweitet.

1.3.1.1 Gewerbebetrieb

Gewerbe ist jede selbstständige (keine abhängige Beschäftigung wie z. B. ein Arbeitsverhältnis), nachhaltige (auf eine gewisse Dauer angelegt, nicht einmalig) Tätigkeit, die unter Beteiligung am allgemeinen wirtschaftlichen Verkehr (nach außen erkennbar, z. B. Ladengeschäft) mit Gewinnerzielungsabsicht ausgeübt wird und nicht den Freien Berufen oder der Landwirtschaft zuzuordnen ist.

Bei privaten Sicherheitsunternehmen sind diese Kriterien regelmäßig erfüllt, sie werden gewerblich tätig und unterliegen damit den Bestimmungen der Gewerbeordnung.

1.3.1.2 Anzeigepflicht (§ 14 GewO)

Jeder, der selbstständig ein Gewerbe ausüben möchte, hat dies bei der **zuständigen Behörde anzuzeigen**. Zuständig sind die **Gewerbe- oder Ordnungsämter** der Gemeinde, in der sich der (Haupt-)Sitz des Gewerbebetriebes befindet.

§ 14 GewO (Auszug)

(1) Wer den selbstständigen Betrieb eines stehenden Gewerbes, (…) anfängt, muss dies der zuständigen Behörde gleichzeitig anzeigen. (…)

Hier zeigt sich auch die grundsätzliche Haltung zur Gewerbeausübung, die wir in Deutschland vorfinden. Der Betrieb eines Gewerbes ist erwünscht und bedarf daher grundsätzlich nicht der Erlaubnis, sondern muss nur angemeldet werden.

1.3.1.3 Auskunft und Nachschau (§ 29 GewO)

Gewerbebetriebe unterliegen der **Aufsicht durch die zuständige Behörde.** Sie hat die Aufgabe, die Einhaltung der Gesetze und Vorschriften zu überwachen und zu kontrollieren.

Bestimmten Gewerbetreibenden wurden zu diesem Zweck besondere **Auskunfts- und Mitwirkungspflichten** auferlegt.

Dies betrifft unter anderem Gewerbe, die einer **Erlaubnis** bedürfen. Hierunter fallen mit dem § 34a GewO auch private Sicherheitsunternehmen.

Auf Verlangen der zuständigen Behörde müssen Sicherheitsunternehmen **Auskünfte** (mündlich und schriftlich) erteilen und den **Zugang zu den Geschäftsräumen** gestatten. Die Behörde ist befugt, entsprechende Prüfungen und Besichtigungen durchzuführen und Einsicht in alle Geschäftsunterlagen zu nehmen.

1.3.1.4 Bewachungsgewerbe (§ 34a GewO)

In Verbindung mit der Bewachungsverordnung (BewachV) bildet der § 34a GewO den rechtlichen Rahmen für die gewerbliche Bewachungstätigkeit.

Erfasst werden mit dieser Vorschrift also nur alle diejenigen Tätigkeiten, die gewerbsmäßig ausgeübt werden sollen (siehe Merkmale einer gewerblichen Tätigkeit weiter oben) und dem **Schutz des Lebens oder des Eigentums fremder Personen vor rechtswidrigen Eingriffen Dritter** dienen (Definition Bewachung gem. GewO).

§ 34a GewO (Auszug)

(1) Wer gewerbsmäßig Leben oder Eigentum fremder Personen bewachen will (Bewachungsgewerbe), bedarf der Erlaubnis der zuständigen Behörde. Die Erlaubnis kann mit Auflagen verbunden werden, soweit dies zum Schutz der Allgemeinheit oder der Auftraggeber erforderlich ist; unter denselben Voraussetzungen sind auch die nachträgliche Aufnahme, Änderung und Ergänzung von Auflagen zulässig. Die Erlaubnis ist zu versagen, wenn

1. Tatsachen die Annahme rechtfertigen, dass der Antragsteller oder eine der mit der Leitung des Betriebes oder einer Zweigniederlassung beauftragten Personen die für den Gewerbebetrieb erforderliche Zuverlässigkeit nicht besitzt,

2. der Antragsteller in ungeordneten Vermögensverhältnissen lebt,

3. der Antragsteller oder eine mit der Leitung des Betriebes oder einer Zweigniederlassung beauftragte Person nicht durch eine vor der Industrie- und Handelskammer erfolgreich abgelegte Prüfung nachweist, dass er die für die Ausübung des Bewachungsgewerbes notwendige Sachkunde über die rechtlichen und fachlichen Grundlagen besitzt; für juristische Personen gilt dies für die gesetzlichen Vertreter, soweit sie mit der Durchführung von Bewachungsaufgaben direkt befasst sind oder keine mit der Leitung des Betriebes oder einer Zweigniederlassung beauftragte Person einen Sachkundenachweis hat, oder

4. der Antragsteller den Nachweis einer Haftpflichtversicherung nicht erbringt.

Die erforderliche Zuverlässigkeit liegt in der Regel nicht vor, wenn der Antragsteller oder eine der mit der Leitung des Betriebes oder einer Zweigniederlassung beauftragten Person

1. Mitglied in einem Verein, der nach dem Vereinsgesetz als Organisation unanfechtbar verboten wurde oder der einem unanfechtbaren Betätigungsverbot nach dem Vereinsgesetz unterliegt, war und seit der Beendigung der Mitgliedschaft zehn Jahre noch nicht verstrichen sind,

2. Mitglied in einer Partei, deren Verfassungswidrigkeit das Bundesverfassungsgericht nach § 46 des Bundesverfassungsgerichtsgesetzes in der Fassung der Bekanntmachung vom 11. August 1993 (BGBl. I S. 1473), das zuletzt durch Artikel 8 der Verordnung vom 31. August 2015 (BGBl. I S. 1474) geändert worden ist, festgestellt hat, war und seit der Beendigung der Mitgliedschaft zehn Jahre noch nicht verstrichen sind,

3. einzeln oder als Mitglied einer Vereinigung Bestrebungen und Tätigkeiten im Sinne des § 3 Absatz 1 des Bundesverfassungsschutzgesetzes vom 20. Dezember 1990 (BGBl. I S. 2954, 2970), das zuletzt durch Artikel 1 des Gesetzes vom 26. Juli 2016 (BGBl. I S. 1818) geändert worden ist, verfolgt oder unterstützt oder in den letzten fünf Jahren verfolgt oder unterstützt hat,

4. in den letzten fünf Jahren vor Stellung des Antrags wegen Versuchs oder Vollendung einer der nachstehend aufgeführten Straftaten zu einer Freiheitsstrafe, Jugendstrafe, Geldstrafe von mindestens 90 Tagessätzen oder mindestens zweimal zu einer geringeren Geldstrafe rechtskräftig verurteilt

worden ist oder bei dem die Verhängung von Jugendstrafe ausgesetzt worden ist, wenn seit dem Eintritt der Rechtskraft der letzten Verurteilung fünf Jahre noch nicht verstrichen sind:

a) Verbrechen im Sinne von § 12 Absatz 1 des Strafgesetzbuches,

b) Straftat gegen die sexuelle Selbstbestimmung, des Menschenhandels oder der Förderung des Menschenhandels, der vorsätzlichen Körperverletzung, Freiheitsberaubung, des Diebstahls, der Unterschlagung, Erpressung, des Betrugs, der Untreue, Hehlerei, Urkundenfälschung, des Landfriedensbruchs oder Hausfriedensbruchs oder des Widerstands gegen oder des tätlichen Angriffs auf Vollstreckungsbeamte oder gegen oder auf Personen, die Vollstreckungsbeamten gleichstehen,

c) Vergehen gegen das Betäubungsmittelgesetz, Arzneimittelgesetz, Waffengesetz, Sprengstoffgesetz, Aufenthaltsgesetz, Arbeitnehmerüberlassungsgesetz oder das Schwarzarbeitsbekämpfungsgesetz oder

d) staatsschutzgefährdende oder gemeingefährliche Straftat.

Zur Überprüfung der Zuverlässigkeit hat die Behörde mindestens einzuholen:

1. eine Auskunft aus dem Gewerbezentralregister nach § 150 Absatz 1,

2. eine unbeschränkte Auskunft nach § 41 Absatz 1 Nr. 9 des Bundeszentralregistergesetzes,

3. eine Stellungnahme der für den Wohnort zuständigen Behörde der Landespolizei, einer zentralen Polizeidienststelle oder des jeweils zuständigen Landeskriminalamts, ob und welche tatsächlichen Anhaltspunkte bekannt sind, die Bedenken gegen die Zuverlässigkeit begründen können, soweit Zwecke der Strafverfolgung oder Gefahrenabwehr einer Übermittlung der tatsächlichen Anhaltspunkte nicht entgegenstehen und

4. über die Schnittstelle des Bewacherregisters zum Bundesamt für Verfassungsschutz nach § 11b eine Stellungnahme der für den Sitz der zuständigen Behörde zuständigen Landesbehörde für Verfassungsschutz zu Erkenntnissen, die für die Beurteilung der Zuverlässigkeit von Bedeutung sein können.

(...)

(1a) Der Gewerbetreibende darf mit der Durchführung von Bewachungsaufgaben nur Personen (Wachpersonen) beschäftigen, die

1. die erforderliche Zuverlässigkeit besitzen und
2. durch eine Bescheinigung der Industrie- und Handelskammer nachweisen, dass sie über die für die Ausübung des Gewerbes notwendigen rechtlichen und fachlichen Grundlagen unterrichtet worden sind und mit ihnen vertraut sind.

Für die Durchführung folgender Tätigkeiten ist zusätzlich zu den Anforderungen des Satzes 1 Nr. 1 der Nachweis einer vor der Industrie- und Handelskammer erfolgreich abgelegten Sachkundeprüfung erforderlich:

1. Kontrollgänge im öffentlichen Verkehrsraum oder in Hausrechtsbereichen mit tatsächlich öffentlichem Verkehr,
2. Schutz vor Ladendieben,
3. Bewachungen im Einlassbereich von gastgewerblichen Diskotheken,
4. Bewachungen von Aufnahmeeinrichtungen nach § 44 des Asylgesetzes in der Fassung der Bekanntmachung vom 2. September 2008 (BGBl. I S. 1798), das zuletzt durch Artikel 6 des Gesetzes vom 31. Juli 2016 (BGBl. I S. 1939) geändert worden ist, von Gemeinschaftsunterkünften nach § 53 des Asylgesetzes oder anderen Immobilien und Einrichtungen, die der auch vorübergehenden amtlichen Unterbringung von Asylsuchenden oder Flüchtlingen dienen, in leitender Funktion,
5. Bewachungen von zugangsgeschützten Großveranstaltungen in leitender Funktion.

Zur Überprüfung der Zuverlässigkeit einer Wachperson und einer mit der Leitung des Betriebes oder einer Zweigniederlassung beauftragten Person hat die am Hauptwohnsitz der natürlichen Person für den Vollzug nach Landesrecht zuständige Behörde mindestens eine unbeschränkte Auskunft nach § 41 Absatz 1 Nr. 9 des Bundeszentralregistergesetzes sowie eine Stellungnahme der für den Wohnort zuständigen Behörde der Landespolizei, einer zentralen Polizeidienststelle oder dem jeweils zuständigen Landeskriminalamt einzuholen, ob und welche tatsächlichen Anhaltspunkte bekannt sind, die Bedenken gegen die Zuverlässigkeit begründen können, soweit Zwecke der Strafverfolgung oder Gefahrenabwehr einer Übermittlung der tatsächlichen Anhaltspunkte nicht entgegen stehen. (…) Absatz 1 Satz 5 Nr. 4 ist entsprechend anzuwenden bei Wachpersonen, die eine der folgenden Aufgaben wahrnehmen sollen:

1. Bewachungen nach Satz 2 Nr. 4 und 5, auch in nicht leitender Funktion, oder

2. Schutzaufgaben im befriedeten Besitztum bei Objekten, von denen im Fall eines kriminellen Eingriffs eine besondere Gefahr für die Allgemeinheit ausgehen kann.

Satz 5 gilt auch nach Aufnahme der Tätigkeit einer Wachperson. Absatz 1 Satz 4, 6 bis 10 ist entsprechend anzuwenden.

(...)

(3) Nach Einholung der unbeschränkten Auskünfte nach § 41 Absatz 1 Nr. 9 des Bundeszentralregistergesetzes zur Überprüfung der Zuverlässigkeit können die zuständigen Behörden das Ergebnis der Überprüfung einschließlich der für die Beurteilung der Zuverlässigkeit erforderlichen Daten an den Gewerbetreibenden übermitteln.

(4) Die Beschäftigung einer Person, die in einem Bewachungsunternehmen mit Bewachungsaufgaben beschäftigt ist, oder einer mit der Leitung des Betriebes oder einer Zweigniederlassung beauftragten Person kann dem Gewerbetreibenden untersagt werden, wenn Tatsachen die Annahme rechtfertigen, dass die Person die für ihre Tätigkeit erforderliche Zuverlässigkeit nicht besitzt.

(5) Der Gewerbetreibende und seine Beschäftigten dürfen bei der Durchführung von Bewachungsaufgaben gegenüber Dritten nur die Rechte, die Jedermann im Falle einer Notwehr, eines Notstandes oder einer Selbsthilfe zustehen, die ihnen vom jeweiligen Auftraggeber vertraglich übertragenen Selbsthilferechte sowie die ihnen gegebenenfalls in Fällen gesetzlicher Übertragung zustehenden Befugnisse eigenverantwortlich ausüben. In den Fällen der Inanspruchnahme dieser Rechte und Befugnisse ist der Grundsatz der Erforderlichkeit zu beachten.

(6) (weggefallen)

Bittet ein Freund Sie beispielsweise im Urlaub, unentgeltlich auf sein Haus aufzupassen, fehlt es dieser Tätigkeit an den Merkmalen einer gewerblichen Tätigkeit, die erlaubnisfrei ausgeübt werden darf. Auch fällt z. B. die Bewachung des eigenen Hauses nicht unter dieses Gesetz, da es sich nicht um fremdes Eigentum handelt.

Damit ergeben sich für die **Ausübung** eines Bewachungsgewerbes folgende zwei Voraussetzungen:

- Anmeldung bei der zuständigen Behörde
- Erlaubniserteilung durch die zuständige Behörde

Für die Erteilung der **Erlaubnis** ergeben sich folgende drei Voraussetzungen:

- Zuverlässigkeit des Gewerbetreibenden
- Geordnete Vermögensverhältnisse
- Nachweis der notwendigen rechtlichen Kenntnisse (mindestens Sachkundeprüfung)

Zu beachten ist dabei, dass jeder das Recht auf Erteilung der Erlaubnis hat, soweit er die Voraussetzungen erfüllt. Es handelt sich hierbei also nicht um eine willkürliche Entscheidung durch die zuständige Behörde. Sie darf die Erlaubnis nur aus den im Gesetz genannten Gründen versagen.

Als nicht **zuverlässig** im Sinne des § 34a GewO gelten Personen, die Mitglied einer verbotenen Organisation oder als verfassungswidrig eingestuften Partei (z. B. die NPD) sind oder in den letzten zehn Jahren waren oder in anderer Weise verfassungsfeindliche Bestrebungen gegen die freiheitliche demokratische Grundordnung verfolgen.

Hierzu muss die zuständige Behörde analog zum § 14 GewO entsprechende Auskünfte einholen und verwenden.

Die Kriterien der Zuverlässigkeit gelten ebenso für den **Inhaber des Gewerbetriebes** wie für jede Person, die er im Rahmen von Bewachungsaufgaben beschäftigt. Personen, die als nicht zuverlässig gelten, dürfen nicht beschäftigt werden. Insoweit trifft den Unternehmer die gleiche Pflicht zur Prüfung bei der Einstellung von Mitarbeitern (Personalfragebogen mit entsprechenden Fragen, Führungszeugnis usw.).

Der Nachweis der **erforderlichen rechtlichen Kenntnisse** erfolgt mit der Bescheinigung über die so genannte **Unterrichtung**. Für die meisten Tätigkeiten im Sicherheitsgewerbe ist dies ausreichend. Aber weiter unten führt § 34a GewO drei Tätigkeitsbereiche auf, für die besondere Bestimmungen gelten. Hier reicht die einfache Unterrichtung nicht aus. Dies sind:

- Kontrollgänge im öffentlichen Verkehrsraum oder im Hausrechtsbereich mit tatsächlich öffentlichem Verkehr,
- Schutz vor Ladendieben
- Bewachungen im Einlassbereich von gastgewerblichen Diskotheken
- Bewachungen von Aufnahmeeinrichtungen nach § 44 des Asylgesetzes von Gemeinschaftsunterkünften nach § 53 des Asylgesetzes oder anderen Immobilien und Einrichtungen, die der auch vorübergehenden amtlichen Unterbringung von Asylsuchenden oder Flüchtlingen dienen, in leitender Funktion,
- Bewachungen von zugangsgeschützten Großveranstaltungen in leitender Funktion.

Mitarbeiter, die mit diesen Aufgaben betraut werden sollen, bedürfen der soge-
nannten **Sachkundeprüfung** vor der Industrie- und Handelskammer. Auch hier
ist ein entsprechender Nachweis gegenüber der zuständigen Behörde erforderlich.
Seit Juni 2019 erfolgt die An- und Abmeldung von Wachpersonen nicht mehr
über die zuständigen Gewerbe- oder Ordnungsämter, sondern zentral über das
Bewacherregister (§ 11b GewO). Hierüber erfolgt auch die Überprüfung der
Zuverlässigkeit und der fachlichen Eignung gem. § 34a GewO. Die Einführung des Bewacherregisters mit der Änderung bewachungsrechtlicher Vorschriften
im November 2016 soll den Vollzug des Bewachungsrechts verbessern und die
Branche damit besser kontrollieren und regulieren.

Im Bewacherregister, das beim Bundesamt für Wirtschaft und Ausfuhrkontrolle (BAFA) geführt wird, werden bundesweit Daten zu Bewachungsge-
werbetreibenden und Bewachungspersonal elektronisch auswertbar erfasst und
auf aktuellem Stand gehalten. Über das Register erfolgt auch die ab dem 1.
Juni 2019 verpflichtende Regelabfrage bei der jeweiligen Landesbehörde für
Verfassungsschutz.

§ 11b GewO (Auszug)

(1) Beim Bundesamt für Wirtschaft und Ausfuhrkontrolle (Registerbehörde)
wird ein Bewacherregister eingerichtet und geführt, in dem zum Zweck der
Unterstützung der für den Vollzug des § 34a zuständigen Behörden Daten zu
Gewerbetreibenden nach § 34a Absatz 1 Satz 1, Wachpersonen nach § 34a Absatz
1a Satz 1 und mit der Leitung des Betriebes oder einer Zweigniederlassung
beauftragten Personen elektronisch auswertbar zu erfassen sind.
(2) Die Registerbehörde darf folgende Daten verarbeiten:

1. Daten zur Identifizierung und Erreichbarkeit des Gewerbetreibenden nach
   § 34a Absatz 1 Satz 1, bei juristischen Personen der nach Gesetz, Satzung
   oder Gesellschaftsvertrag jeweils allein oder mit anderen zur Vertretung
   berufenen Personen, sowie der mit der Leitung des Betriebes oder einer
   Zweigniederlassung beauftragten Personen:
   a) Familienname, Geburtsname, Vornamen,
   b) Geschlecht,
   c) Geburtsdatum, Geburtsort, Staat,
   d) Staatsangehörigkeiten,
   e) Telefonnummer, E-Mail-Adresse,
   f) Meldeanschrift bestehend aus Straße, Hausnummer, Postleitzahl, Ort,
      Zusatz, Land, Staat und Regionalschlüssel,

g) Wohnorte der letzten fünf Jahre bestehend aus Straße, Hausnummer, Postleitzahl, Land und Staat,

h) Art des Ausweisdokuments mit ausstellender Behörde, ausstellendem Staat, Datum der Ausstellung, Ausweisnummer, Ablaufdatum, soweit vorhanden maschinenlesbarem Namen sowie Inhalt der maschinenlesbaren Zone,

i) sofern der Gewerbetreibende eine juristische Person ist:

   aa) Rechtsform, Registerart, soweit vorhanden im Register eingetragener Name nebst Registernummer, Registergericht oder ausländische Registernummer und Registerbehörde,

   bb) Betriebliche Anschrift des Sitzes der juristischen Person,

   cc) Telefonnummer und E-Mail-Adresse der juristischen Person,

2. Daten zur Identifizierung und Erreichbarkeit des Gewerbebetriebes:

a) Geschäftsbezeichnung,

b) Rechtsform, Registerart, soweit vorhanden im Register eingetragener Name nebst Registernummer, Registergericht oder ausländische Registernummer und Registerbehörde,

c) Betriebliche Anschrift von Hauptniederlassung und sonstigen Betriebsstätten,

d) Telefonnummer, E-Mail-Adresse,

3. Daten zur Identifizierung und Erreichbarkeit von Wachpersonen nach § 34a Absatz 1a Satz 1:

a) Familienname, Geburtsname, Vornamen,

b) Geschlecht,

c) Geburtsdatum, Geburtsort, Geburtsland,

d) Staatsangehörigkeiten,

e) Meldeanschrift bestehend aus Straße, Hausnummer, Postleitzahl, Ort, Zusatz, Land, Staat und Regionalschlüssel,

f) Wohnorte der letzten fünf Jahre bestehend aus Straße, Hausnummer, Postleitzahl, Land und Staat,

g) Art des Ausweisdokuments mit ausstellender Behörde, ausstellendem Staat, Datum der Ausstellung, Ausweisnummer, Ablaufdatum, soweit vorhanden maschinenlesbarem Namen sowie Inhalt der maschinenlesbaren Zone,

4. den Umfang und das Erlöschen der Erlaubnis nach § 34a Absatz 1 Satz 1 einschließlich des Datums der Erlaubniserteilung und des Erlöschens, der Angabe der Kontaktdaten der zuständigen Erlaubnisbehörde sowie den Stand des Erlaubnisverfahrens,

5. die Anzeige eines Gewerbetreibenden nach § 13a über die vorüberge-
hende Erbringung von Bewachungstätigkeiten in Deutschland nebst den
Daten nach den Nummern 1 bis 3, soweit diese Daten mit der Anzeige zu
übermitteln sind,

6. die Angabe der Tätigkeit der Wachperson nach § 34a Absatz 1a Satz 2
und 5,

7. Untersagung der Beschäftigung nach § 34a Absatz 4,

8. Daten zur Überprüfung der Zuverlässigkeit nach § 34a Absatz 1 Satz 3 Nr. 1,
auch in Verbindung mit § 34a Absatz 1a Satz 1 Nr. 1:

   a) Datum, Art und Ergebnis der Überprüfung,

   b) Stand des Überprüfungsprozesses der Zuverlässigkeit,

   c) Datum der Bestands- oder Rechtskraft der Entscheidung,

9. die in Nummer 1 genannten Daten des Gewerbetreibenden, der eine
Wachperson zur Überprüfung der Zuverlässigkeit anmeldet,

10. Daten zu Sachkunde- und Unterrichtungsnachweisen der Industrie- und
Handelskammern:

   a) Art der erworbenen Qualifikation,

   b) bei Unterrichtungsnachweisen der Unterrichtungszeitraum, bei Sach-
   kundenachweisen das Datum der Sachkundeprüfung,

   c) Ausstellungsdatum des Qualifikationsnachweises, Angabe der Identifikationsnummer der ausstellenden Industrie- und Handelskammer, auf
   dem Qualifikationsnachweis angegebener Familienname, Vornamen,
   Geburtsdatum und Geburtsort,

   d) soweit vorhanden ein Validierungscode der Industrie- und Handelskammer,

   e) Datum und Inhalt der Rückmeldung aus der elektronischen Abfrage über
   die Schnittstelle zu der in § 32 des Umweltauditgesetzes bezeichneten
   gemeinsamen Stelle,

11. Daten zu Qualifikationsnachweisen von Gewerbetreibenden, bei juristischen
Personen der nach Gesetz, Satzung oder Gesellschaftsvertrag jeweils allein
oder mit anderen zur Vertretung berufenen Personen, der mit der Leitung des Betriebes oder einer Zweigniederlassung beauftragten Personen
sowie Wachpersonen, die dem Sachkunde- oder Unterrichtungsnachweis
gleichgestellt wurden:

   a) Art der erworbenen Qualifikation,

   b) Unterrichtungszeitraum,

   c) Ausstellungsdatum des Qualifikationsnachweises, Angabe der Kontaktdaten der ausstellenden Stelle, auf dem Qualifikationsnachweis
   angegebener Familienname, Vornamen, Geburtsdatum und Geburtsort,

d) Bescheinigungen des Gewerbetreibenden nach § 17 der Bewachungsverordnung,

12. Daten aus der Schnittstelle des Bewacherregisters zum Bundesamt für
Verfassungsschutz nach § 34a Absatz 1 Satz 5 Nr. 4:
a) meldendes Landesamt für Verfassungsschutz,
b) Datum der Meldung sowie
c) Angabe, ob Erkenntnisse vorliegen,

13. Daten zur Identifikation und Erreichbarkeit der für den Vollzug des § 34a
zuständigen Behörden:
a) Name,
b) Anschrift,
c) Kurzbezeichnung,
d) Land,
e) Telefonnummer, E-Mail-Adresse,
f) Regionalschlüssel.

(3) Die Registerbehörde darf Statusangaben zum Ablauf der Verfahren sowie
die für den Vollzug des § 34a notwendigen Verknüpfungen aus den Daten
nach Absatz 2 und die durch das Register vergebenen Identifikationsnummern
für die Datenobjekte speichern. Die Identifikationsnummern enthalten keine
personenbezogenen Angaben und werden den Datensätzen zugeordnet.
(…).
(7) Im Bewacherregister sind die Daten aus den folgenden Anlässen zu speichern:

1. Beantragen oder Erteilen einer Erlaubnis nach § 34a Absatz 1 Satz 1,
2. Versagen oder Erlöschen einer Erlaubnis nach § 34a Absatz 1 Satz 1,
3. Untersagen der Beschäftigung nach § 34a Absatz 4,
4. Anmelden und Abmelden von Wachpersonen und mit der Leitung des
Betriebes oder einer Zweigniederlassung beauftragter Personen,
5. Melden von Datenänderungen durch den Gewerbetreibenden gegenüber der
für den Vollzug des § 34a zuständigen Behörde nach Absatz 6 Satz 2 oder
dem Bewacherregister nach Absatz 6 Satz 3,
6. Überprüfen der Zuverlässigkeit im Rahmen der Regelüberprüfung nach
spätestens fünf Jahren von Gewerbetreibenden und gesetzlichen Vertretern
juristischer Personen nach § 34a Absatz 1 Satz 10 sowie Wachpersonen
nach § 34a Absatz 1a Satz 7 und mit der Leitung des Betriebes oder einer
Zweigniederlassung beauftragter Personen,

7. Überprüfen aufgrund eines Nachberichts durch die zuständigen Verfassungsschutzbehörden und Polizeibehörden nach § 34a Absatz 1b Satz 1.

(8) Die Registerbehörde löscht auf Veranlassung der für den Vollzug des § 34a zuständigen Behörden die im Bewacherregister gespeicherten Daten:

1. in den Fällen des Absatzes 7 Nr. 1 bei eingetragener Beantragung der Erlaubnis und begonnener Prüfung, sechs Monate nach Rücknahme des Antrags auf Erlaubnis,
2. in den Fällen des Absatzes 7 Nr. 2 betreffend eine versagte oder zurückgenommene oder widerrufene Erlaubnis durch Überschreibung der Daten bei erneuter Beantragung und Erteilung der Erlaubnis, spätestens nach fünf Jahren; bei Erlöschen der Erlaubnis durch Verzicht oder Tod oder Untergang der juristischen Person, sechs Monate nach Erlöschen der Erlaubnis; bei Verzicht während eines Rücknahmeverfahrens oder Widerrufsverfahrens wegen Unzuverlässigkeit, wenn der Verzicht durch eine spätere Entscheidung gegenstandslos wird,
3. in den Fällen des Absatzes 7 Nr. 3 durch Überschreiben der Daten bei einer zeitlich nachfolgenden Feststellung der Zuverlässigkeit,
4. in den Fällen des Absatzes 7 Nr. 4 bei Anmeldungen betreffend Wachpersonen oder mit der Leitung des Betriebes oder einer Zweigniederlassung beauftragten Personen die Wohnorte der letzten fünf Jahre nach der Entscheidung über die Zuverlässigkeit der Wachpersonen oder der mit der Leitung des Betriebes oder einer Zweigniederlassung beauftragten Personen,
5. in den Fällen des Absatzes 7 Nr. 4 bei Abmeldungen betreffend Wachpersonen und mit der Leitung des Betriebes oder einer Zweigniederlassung beauftragten Personen ein Jahr nach Abmeldung des letzten für die natürliche Person gemeldeten Beschäftigungsverhältnisses im Register,
6. in den Fällen des Absatzes 7 Nr. 5 bei Meldung von Änderungen betreffend Daten nach Absatz 2 Nr. 1, 2, 3, 6, 10 und 11 durch Überschreiben der bisherigen Einträge im Register,
7. in den Fällen des Absatzes 7 Nr. 6 bei Unzuverlässigkeit des Gewerbetreibenden, gesetzlicher Vertreter bei juristischen Personen, von mit der Leitung des Betriebes oder einer Zweigniederlassung beauftragten Personen sowie Wachpersonen, durch Überschreiben der Daten nach Absatz 2 Nr. 7 bei späterer Feststellung der Zuverlässigkeit im Rahmen eines neuen Erlaubnis- oder Anmeldeverfahrens, spätestens nach fünf Jahren, und

8. in den Fällen des Absatzes 7 Nr. 7 bei Unzuverlässigkeit des Gewerbetreibenden, der gesetzlichen Vertreter juristischer Personen, von mit der Leitung des Betriebes oder einer Zweigniederlassung beauftragten Personen sowie Wachpersonen, durch Überschreiben der Daten nach Absatz 2 Nr. 7 bei späterer Feststellung der Zuverlässigkeit im Rahmen eines neuen Erlaubnis- oder Anmeldeverfahrens, spätestens nach fünf Jahren.

(...)

▶ **Bewachung** Der gewerbsmäßige Schutz des Lebens oder Eigentums fremder Personen vor rechtswidrigen Eingriffen Dritter.

1.3.1.5 Ordnungswidrigkeiten (§ 144 GewO)

Immer dort, wo Bestimmungen gelten, müssen den Exekutivorganen Mittel in die Hand gegeben werden, diese Bestimmungen durchzusetzen.

Dies geschieht in der GewO zum einen durch den § 14, in dem der zuständigen Behörde bestimmte Kontrollbefugnisse eingeräumt werden, zum anderen durch die Androhung von Bußgeldern in § 144.

Er sieht für Verstöße gegen § 34a GewO Geldbußen vor. Ein Tätigwerden ohne die erforderliche Erlaubnis kann beispielsweise mit einer Geldbuße bis zu 5000 € geahndet werden.

1.3.2 Verordnung über das Bewachungsgewerbe (BewachV)

Das Bundesministerium für Wirtschaft und Technologie (BMWi) hat auf der Grundlage von § 34a Abs. 2 GewO eine Rechtsverordnung erlassen, um die Bestimmungen der Gewerbeordnung für das Bewachungsgewebe zu konkretisieren: die Verordnung über das Bewachungsgewerbe (BewachV).

▶Die Bestimmungen der Verordnung über das Bewachungsgewerbe (BewachV) gehen als spezielles Recht den Bestimmungen der Gewerbeordnung (GewO) als allgemeines Recht vor.

Ihre Bestimmungen gelten in gleichem Maße wie die der Gewerbeordnung, gehen als spezielleres Recht jedoch den allgemeineren Bestimmungen der GewO vor.

1.3.2.1 Unterrichtungsverfahren und Sachkundeprüfung (§§ 4–8 BewachV)

§ 34a GewO spricht nur allgemein von **Unterrichtungsverfahren und Sachkundeprüfung** als jeweilige Voraussetzungen zur Ausübung von Bewachungstätigkeiten. Nähere Einzelheiten hierzu wie Zweck, zuständige Stelle, Inhalt und Verfahren regelt die BewachV in den Abschnitten 2 und 3. Hier ist auch die Anerkennung anderer Nachweise bestimmt (§ 8 BewachV). So sind Personen, die:

- bestimmte Berufsabschlüsse im Bewachungsgewerbe (z. B. Geprüfte Schutz- und Sicherheitskraft IHK) oder
- Abschlüsse im Rahmen einer Laufbahnprüfung zumindest für den mittleren Polizeivollzugsdienst, auch im Bundesgrenzschutz und in der Bundespolizei, für den mittleren Justizvollzugsdienst, für den mittleren Zolldienst (mit Berechtigung zum Führen einer Waffe) und für Feldjäger der Bundeswehr haben, von der Unterrichtung und der Sachkundeprüfung befreit. Hier gilt der bereits erreichte Abschluss als Nachweis der Kenntnisse gem. § 34a GewO.
- Prüfungszeugnisse über einen erfolgreichen Abschluss eines rechtswissenschaftlichen Studiums an einer Hochschule oder Akademie, die einen Abschluss verleiht, der einem Hochschulabschluss gleichgestellt ist, wenn zusätzlich ein Nachweis über eine Unterrichtung durch eine Industrie- und Handelskammer über die Sachgebiete nach § 7 Nr. 5 bis 7 vorliegt,

haben, von der Unterrichtung und der Sachkundeprüfung befreit. Hier gilt der bereits erreichte Abschluss als Nachweis der Kenntnisse gem. § 34a GewO.

1.3.2.2 Haftpflichtversicherung, Haftungsbeschränkung (§§ 14 und 15 BewachV)

Bewachungsunternehmer müssen für Schäden, die im Rahmen der Bewachungstätigkeit entstehen können, eine **Haftpflichtversicherung** abschließen und für die Dauer des Gewerbes aufrecht erhalten. Die so genannte **Betriebshaftpflichtversicherung** deckt Schäden des Auftraggebers und Dritter ab, die durch den Unternehmer oder seine Beschäftigten im Dienst verursacht werden. Vorgeschrieben sind folgende Mindestdeckungssummen für jeden Schadenfall:

- für Personenschäden 1.000.000 €
- für Sachschäden 250.000 €
- für das Abhandenkommen bewachter Sachen 15.000 €
- für reine Vermögensschäden 12.500 €

Insoweit darf der Unternehmer seine **Haftung** für Schäden nur bis zur Mindesthöhe dieser Versicherungssummen vertraglich beschränken. Für Personenschäden haftet er also immer mindestens mit der Summe von 1.000.000 €. Verantwortlich für den Abschluss der Versicherung ist immer der Unternehmer, nicht der BeschäftigteBeschäftigte.

1.3.2.3 Datenschutz, Wahrung von Geschäftsgeheimnissen (§ 17 Abs. 3 BewachV)

Niemand möchte, dass seine Daten ohne sein Einverständnis weitergegeben oder gar veröffentlicht werden.

Im Rahmen der Bewachungstätigkeit für oder bei einem Auftraggeber erlangen Sicherheitsmitarbeiter vielfältige Informationen, wie z. B. persönliche Daten von zutrittsberechtigten Personen.

▶ **Definition** Als **Geschäfts- oder Betriebsgeheimnis** gelten alle Tatsachen, Umstände und Vorgänge, die nur einem begrenzten Personenkreis zugänglich sind und bei denen ein berechtigtes Interesse besteht, dass diese nicht verbreitet werden, insbesondere auch nicht Wettbewerbern zugänglich gemacht werden (Techniken, Rezepte, kaufmännische Daten usw.).

Meist sind diese Informationen notwendig, um den Auftrag durchzuführen. Oft kommt es aber auch vor, dass Mitarbeiter im Rahmen ihrer Tätigkeit „zufällig" an Informationen über den Auftraggeber oder seine Beschäftigten gelangen.

Sicherheitsunternehmer haben ihre Beschäftigten **schriftlich zu verpflichten,** die ihnen im Rahmen der Tätigkeit bekannt gewordenen **Geschäfts- und Betriebsgeheimnisse** nicht unbefugt zu offenbaren. Die Verpflichtung besteht auch nach dem Ende der Beschäftigung fort.

Die gleiche Verpflichtung besteht für **personenbezogene Daten,** die im Rahmen der Tätigkeit (über Beschäftigte des Auftraggebers, Kollegen usw.) erlangt werden.

1.3.2.4 Beschäftigte; An- und Abmeldung (§ 16 BewachV)

Bereits im § 34a GewO haben wir bestimmte **Anforderungen** gesehen, die an Sicherheitsunternehmer und ihre Beschäftigten gestellt werden. Die Bewachungsverordnung konkretisiert diese Anforderungen noch einmal. Für Bewachungsaufgaben dürfen nur Personen beschäftigt werden, die:

- zuverlässig sind,
- das 18. Lebensjahr vollendet haben und

- in Abhängigkeit von der Tätigkeit den Nachweis der Unterrichtung oder den Nachweis über die erfolgreich abgelegte Sachkundeprüfung erbringen.

Darüber hinaus werden dem Unternehmer besondere Meldepflichten gegenüber dem Bewacherregister (§ 11b GewO) auferlegt. Der Gewerbetreibende hat den fraglichen Mitarbeiter vor Beschäftigungsbeginn dort anzumelden und alle Daten und Unterlagen einzureichen:

1. Familienname, Geburtsname, frühere Namen, Vornamen,
2. Geschlecht,
3. Geburtsdatum, Geburtsort, Geburtsland, Staat,
4. Staatsangehörigkeiten,
5. Meldeanschrift bestehend aus Straße, Hausnummer, Postleitzahl, Ort, wenn vorhanden Zusatz, Land, Staat,
6. Wohnorte in den letzten fünf Jahren unter Angabe des Zeitraums sowie Straße, Hausnummer, Postleitzahl, Ort, wenn vorhanden Zusatz, Land, Staat,
7. bei einer Wachperson die Angabe der beabsichtigten Tätigkeit der Wachperson nach § 34a Absatz 1a Satz 2 und Satz 5 der Gewerbeordnung,
8. Daten zu Sachkunde- und Unterrichtungsnachweisen oder anderen anerkennungsfähigen Nachweisen bestehend aus Art der Qualifikation, Unterrichtungszeitraum oder Datum der Sachkundeprüfung, Ausstellungsdatum des Qualifikationsnachweises, wenn vorhanden Identifikationsnummer der Industrie- und Handelskammer, sowie eine Kopie des Nachweisdokuments oder Bescheinigungen des Gewerbetreibenden nach § 23.

1.3.2.5 Dienstanweisung (§ 17 BewachV)

Der Wachdienst ist durch den Gewerbetreibenden mit einer Dienstanweisung zu regeln. Die Dienstanweisung ist den Wachpersonen zusammen mit einer Kopie der Unfallverhütungsvorschriften (DGUV Vorschrift 23) und den zugehörigen Durchführungsanweisungen gegen Empfangsbekenntnis auszuhändigen. Die Dienstanweisung hat unter anderem folgende Hinweise zu enthalten:

- Die Wachperson hat nicht die Eigenschaft und die Befugnisse eines Polizeibeamten, Hilfspolizeibeamten oder eines sonstigen Bediensteten einer Behörde.
- Waffen (Schuss-, Hieb- und Stoßwaffen) und Reizstoffsprühgeräte dürfen im Dienst nur mit ausdrücklicher Zustimmung des Gewerbetreibenden geführt werden.

- Jeder Gebrauch von Waffen oder Reizstoffsprühgeräten ist unverzüglich der zuständigen Polizeidienststelle und dem Gewerbetreibenden anzuzeigen.

1.3.2.6 Ausweis und Kennzeichnung (§ 18 BewachV)

Während des Dienstes müssen Wachpersonen stets einen Dienstausweis und einen Personalausweis oder Reisepass oder ein anderes amtliches Identifizierungsdokument bei sich führen und diese auf Verlangen den zuständigen Behörden vorzeigen.

Der Bewachungsunternehmer hat seinen Mitarbeitern dazu einen Dienstausweis mit mindestens folgenden Angaben auszustellen:

1. Familienname und Vornamen der Wachperson,
2. Namen und Anschrift des Gewerbetreibenden,
3. Bezeichnung und Anschrift des Gewerbebetriebs, sofern diese abweichen von Namen oder Anschrift des Gewerbetreibenden nach Nummer 2,
4. Unterschriften der Wachperson sowie des Gewerbetreibenden, seines Vertreters oder seines Bevollmächtigten,
5. Bewacherregisteridentifikationsnummern der Wachperson und des Bewachungsunternehmens.

Der Dienstausweis muss sich deutlich von amtlichen Ausweisen unterscheiden und während des Wachdienstes stets bei sich getragen werden.

Darüber hinaus hat jede Wachperson, die Tätigkeiten nach § 34a Absatz 1a Satz 2 Nr. 1 und 3 bis 5 der Gewerbeordnung ausübt, während dieser Tätigkeiten sichtbar ein Schild mit ihrem Namen oder einer Kennnummer sowie der Bezeichnung des Gewerbebetriebs zu tragen. In den Fällen des § 34a Absatz 1a Satz 2 Nr. 4 und 5 der Gewerbeordnung gilt das auch für jede Wachperson in nicht leitender Funktion. Der Gewerbetreibende hat der Wachperson zu diesem Zweck spätestens vor der ersten Aufnahme der Bewachungstätigkeit ein entsprechendes Schild auszustellen.

1.3.2.7 Dienstkleidung (§ 19 BewachV)

Häufig schreiben Sicherheitsunternehmen ihren Mitarbeitern das Tragen von Dienstkleidung bei der Ausübung ihrer Tätigkeit vor. Gesetzlich vorgeschrieben ist dies für die Fälle, in denen Wachpersonen in Ausübung ihres Dienstes eingefriedetes (in der Regel umzäuntes) Besitztum betreten sollen. Damit soll sichergestellt werden, dass Sicherheitsmitarbeiter auch sofort als solche erkennbar sind.

Die Dienstkleidung muss so beschaffen sein, dass sie nicht mit Uniformen der Angehörigen der Streitkräfte (Bundeswehr) oder mit Uniformen behördlicher Vollzugsorgane (Polizei, Justiz usw.) verwechselt werden kann. Untersagt sind darüber hinaus Abzeichen an der Dienstkleidung, die Amtsabzeichen zum Verwechseln ähnlich sind.

1.3.2.8 Behandlung der Waffen und Anzeigepflicht nach Waffengebrauch (§ 20 BewachV)

Hier erfolgt ein Hinweis auf die Vorschriften des Waffengesetzes und der DGUV Vorschrift 23 mit ihren Bestimmungen zur Aufbewahrung, zum Führen und zum Gebrauch von Waffen in der Ausübung des Dienstes von Wachpersonen.

Der Gewerbetreibende hat dafür Sorge zu tragen, dass diese Vorschriften jederzeit eingehalten werden. Ferner wird er dazu verpflichtet, eine ordnungsgemäße Rückgabe von Waffen und Munition nach Dienstende der Mitarbeiter zu gewährleisten.

Die einzelnen Vorschriften des Waffengesetzes und der DGUV Vorschrift 23 finden Sie weiter unten in den entsprechenden Abschnitten.

1.3.2.9 Buchführung und Aufbewahrung (§ 21 BewachV)

Wie wir bereits gesehen haben, hat die für die Erteilung der Erlaubnis nach § 34a GewO zuständige Behörde das Recht, Einsicht in die Unterlagen des Gewerbetreibenden zu nehmen. § 21 BewachV konkretisiert hier nun, welche Unterlagen neben den üblichen Buchführungspflichten vom Sicherheitsunternehmen zu führen und aufzubewahren sind. Die Frist zur Aufbewahrung beträgt in der Regel drei Jahre:

- Bewachungsverträge mit Namen und Anschrift des Auftraggebers, Inhalt und Art des Auftrages und Datum des Vertragsschlusses
- eine Liste aller Wachpersonen mit Namen, Anschrift, Geburtsdatum und Einstellungsdatum
- Verpflichtungen der Beschäftigten zum Mitführen des Ausweises/Schildes
- Nachweise über Zuverlässigkeit und Sachkunde der Mitarbeiter
- Dienstanweisungen und die Empfangsbestätigungen der Mitarbeiter
- die behördliche Zustimmung nach § 28 WaffG zum Erwerb, Besitz und Führen von Schusswaffen und Munition
- die Überlassung von Schusswaffen an Mitarbeiter
- Anzeigen über Waffengebrauch
- die Versicherungsunterlagen

1.3.2.10 Ordnungswidrigkeiten (§ 22 BewachV)

Auch in der Bewachungsordnung finden sich analog zur Gewerbeordnung Bußgeldvorschriften, die entsprechende Verstöße gegen eine oder mehrere Vorschriften ahnden. Die Höhe des Bußgeldes kann hier ebenfalls bis zu 5000 € betragen.
Der Verstoß kann dabei vorsätzlich oder fahrlässig herbeigeführt worden sein.
Bis auf die Bestimmungen zur Haftungsbeschränkung und den Bestimmungen
zur Dienstkleidung stellt jeder Verstoß gegen einen der hier behandelten Paragrafen einen Verstoß dar, der nach § 22 BewachV mit Bußgeld geahndet werden
kann:

- Haftpflichtversicherung
- Datenschutz/Geschäftsgeheimnisse
- Beschäftigte
- Dienstanweisung
- Ausweis/Schild
- Waffen
- Buchführung und Aufbewahrung

Zu beachten ist, dass nicht nur der Gewerbetreibende selbst, sondern auch die bei
ihm Beschäftigten Ordnungswidrigkeiten nach § 22 BewachV begehen können
und dies entsprechend geahndet werden kann.
Wer als Wachperson vorsätzlich oder fahrlässig:

- einen Ausweis nicht vorschriftsmäßig mitführt/trägt,
- Aufzeichnungen nicht vorschriftsmäßig anfertigt oder
- Aufzeichnungen nicht vorschriftsmäßig aufbewahrt
- begeht einen Verstoß im Sinne des § 22 BewachV und kann mit einem
  Bußgeld belegt werden.

1.4 Datenschutz

1.4.1 Zweck und Anwendungsbereich (Art. 1, 2, 3 DSGVO)

Die Bewachungsverordnung bezieht sich mit § 8 ausdrücklich auf Informationen und Daten, die Sicherheitsmitarbeiter im Rahmen einer Tätigkeit im
Bewachungsgewerbe erlangt haben und stellt diese unter besonderen Schutz.

Das Bundesdatenschutzgesetz (BDSG) und die Datenschutzgrundverordnung
(DSGVO) stellen demgegenüber als wesentliche Rechtsvorschriften für den

Bereich des Datenschutzes alle **personenbezogenen Daten (pbD)** unter Schutz, die von öffentlichen Stellen des Bundes oder der Länder und von nicht-öffentlichen Stellen (z. B. Unternehmen) ganz oder teilweise **automatisiert** verarbeitet werden, sowie auch nicht-automatisiert verarbeitete Daten, die in einem Dateisystem gespeichert werden.

Ausgenommen hiervon ist nur die Verarbeitung von personenbezogenen Daten durch natürliche Personen, wenn diese ausschließlich persönlichen oder familiären Tätigkeiten dient.

Zweck des Datenschutzes ist es, personenbezogene Daten vor Missbrauch zu schützen und dadurch Beeinträchtigungen Einzelner in ihrem Persönlichkeitsrecht zu verhindern.

Hintergrund ist die sogenannte **informationelle Selbstbestimmung,** die aus dem allgemeinen **Persönlichkeitsrecht** Art. 2 GG resultiert, das Recht über die eigenen Daten zu verfügen.

Jeder hat das Recht selbst zu bestimmen, wem welche Informationen über ihn zugänglich sein dürfen. Das Bundesdatenschutzgesetz gewährleistet den Schutz dieses Rechtes, indem es den Umgang mit personenbezogenen Daten durch öffentliche und nicht-öffentliche Stellen reguliert.

Anwendungsbereich
Datenschutz gilt für die Erhebung, Verarbeitung und Speicherung personenbezogener Daten durch öffentliche Stellen des Bundes oder der Länder und durch nicht-öffentliche Stellen sowie für die Verarbeitung durch natürliche Personen, wenn diese nicht ausschließlich persönlichen oder familiären Tätigkeiten dient.

1.4.2 Begriffsbestimmungen (Art. 4, 9 DSGVO)

Zum Verständnis des Datenschutzes und seiner Bestimmungen ist es unerlässlich, vorab einige Begriffe zu klären.

▶ **Datenschutz – wichtige Begriffe**

Personenbezogene Daten	sind Einzelangaben über persönliche oder sachliche Verhältnisse einer bestimmten oder bestimmbaren natürlichen Person.
Besondere Kategorien personenbezogener Daten	sind Daten, aus denen die ethnische Herkunft, politische Meinung, religiöse oder weltanschauliche Überzeugung oder Gewerkschaftszugehörigkeit hervorgehen. Weiterhin gehören dazu genetische und biometrische Daten, Gesundheitsdaten und Daten zum Sexualleben einer natürlichen Person.
Erheben	ist die Beschaffung der Daten.
Verarbeiten	ist die Speicherung, Veränderung, Übermittlung, Sperrung oder Löschung von Daten.
Speichern	ist die Erfassung, Aufnahme oder Aufbewahrung von Daten auf einem Datenträger, z. B. einer Festplatte.
Verändern	ist die inhaltliche Umgestaltung gespeicherter Daten.
Sperren	ist die Kennzeichnung von Daten, um ihre weitere Verarbeitung oder Nutzung einzuschränken.
Löschen	ist das Unkenntlichmachen gespeicherter Daten.
Nutzen	ist jede Verwendung, soweit es sich um Verarbeitung handelt.
Speichernde Stelle	ist jede öffentliche oder nicht- öffentliche Stelle, die Daten für sich selbst speichert oder durch andere speichern lässt.
Anonymisieren	ist das Verändern von Daten, so dass kein Rückschluss auf die Datenquelle möglich ist.

1.4.3 Datenschutzbeauftragter (Art. 37 DSGVO)

Öffentliche Stellen bestellen grundsätzlich einen Datenschutzbeauftragten.

Nicht-öffentliche Stellen haben einen betrieblichen Datenschutzbeauftragten zu bestellen, wenn die Kerntätigkeit des Unternehmens die Verarbeitung
besonders sensibler Daten oder die systematische Überwachung von betroffenen Personen ist oder mindestens 20 Personen ständig mit der Verarbeitung
personenbezogener Daten beschäftigt sind.

Aufgaben des Datenschutzbeauftragten

- Unterrichtung und Beratung des Unternehmens (inkl. Datenschutz-
  Folgenabschätzung)
- Überwachung der Einhaltung der Datenschutzvorschriften
- Schulung der Mitarbeiter
- Zusammenarbeit mit den Behörden
- Funktion als Ansprechpartner für Betroffene

In Ergänzung dazu bestimmt das deutsche BDSG die Bestellung eines Datenschutzbeauftragten für nicht-öffentliche Stellen, wenn im Unternehmen in der Regel
mindestens zehn Personen ständig mit der automatisierten Verarbeitung personenbezogener Daten beschäftigt sind (§ 38 BDSG). Insoweit besteht die bisherige
Regelung fort.

1.4.4   Technische und organisatorische Maßnahmen (Art. 24, 32 DSGVO)

Datenverarbeitende Stellen haben die technischen und organisatorischen Maßnahmen zu treffen, die erforderlich sind, um die Ausführung der Vorschriften des
Datenschutzes zu gewährleisten.

Verantwortlich hierfür ist die **verantwortliche Stelle** – der Inhaber, Vorstand
oder Geschäftsführer mit Unterstützung des Datenschutzbeauftragten.

Die folgende Übersicht enthält die zum Schutz personenbezogener Daten zu
treffenden Maßnahmen.

Übersicht der technischen und organisatorischen Maßnahmen		
Bezeichnung		**Inhalt**
Zutrittskontrolle	→	Unbefugten ist der räumliche Zutritt zu Datenverarbeitungsanlagen zu verwehren
Zugriffskontrolle	→	Nur berechtigter Zugriff
Weitergabekontrolle	→	Verhinderung des unbefugten Lesens, Kopierens, Veränderns oder Entfernens von Daten
Eingabekontrolle	→	Nachträgliche Kontrolle wer wann was eingegeben hat
Auftragskontrolle	→	Verarbeitung von Daten nur gem. Weisung des Auftraggebers
Verfügbarkeitskontrolle	→	Schutz der Daten gegen zufällige Zerstörung oder Verlust
Zweckbindungskontrolle	→	Nur zweckentsprechende Erhebung und Verarbeitung von Daten / Trennung der Daten nach Zwecken
Zugangskontrolle	→	Verhinderung der unbefugten Benutzung von Daten

1.4.5 Zulässigkeit der Datenerhebung, -verarbeitung und -nutzung (Art. 6, 9 DSGVO)

Dem Schutzzweck der Regelungen zum Datenschutz folgend ist die Erhebung, Verarbeitung und Nutzung personenbezogener Daten an strenge Voraussetzungen geknüpft. Personenbezogene Daten dürfen nur erhoben, verarbeitet und genutzt werden, wenn:

- das BDSG, die DSGVO oder eine andere Rechtsvorschrift dies erlauben (z. B. StPO, SGB VII) oder
- der Betroffene eingewilligt hat.

Die **Einwilligung** muss schriftlich erfolgen und der Betroffene ist auf den Zweck der Speicherung und eine vorgesehene Übermittlung der Daten hinzuweisen. Auf Wunsch des Betroffenen oder soweit dies erforderlich ist, ist er auch auf eventuelle Folgen der Verweigerung einer Einwilligung hinzuweisen (Art. 7 DSGVO).

Besondere Kategorien personenbezogener Daten dürfen grundsätzlich nicht erhoben, gespeichert und verarbeitet werden, es sei denn die Verarbeitung:

- ist ausdrücklich durch den Betroffenen genehmigt worden,
- ist aus arbeits- oder sozialrechtlichen Gründen erforderlich,
- dient dem Schutz lebenswichtiger Interessen des Betroffenen und der Betroffene ist nicht in der Lage, einzuwilligen,
- erfolgt durch Stiftungen o. Ä. ohne Gewinnerzielungsabsicht, soweit die Mitglieder dem zugestimmt haben,
- bezieht sich auf Daten, die der Betroffene öffentlich gemacht hat,
- ist zum Schutz der Grundrechte Dritter erforderlich oder
- erfolgt aus Gründen des öffentlichen Interesses.

Der Betroffene ist grundsätzlich – bis auf wenige Ausnahmen – über die Verarbeitung und ggf. Weitergabe seiner Daten zu Informieren (Art. 13 DSGVO, §§ 32, 33 BDSG).

1.4.6 Sicherheit der Datenverarbeitung (Art. 32 DSGVO)

Zur Risikominimierung sollen personenbezogene Daten nach Möglichkeit:

- pseudonymisiert und verschlüsselt werden, zudem soll
- die Funktionsfähigkeit der Verarbeitungssysteme nachhaltig sichergestellt sein und
- im Falle eines Zwischenfalls der Zugriff schnellstmöglich wiederhergestellt werden können.

1.4.7 Meldung von Verletzungen des Schutzes personenbezogener Daten an die Aufsichtsbehörde (Art. 33 DSGVO)

Wurde der Schutz personenbezogener Daten nach dem Datenschutzrecht verletzt, hat der Verantwortliche dies unverzüglich, spätestens jedoch binnen 72 h, der zuständigen Aufsichtsbehörde zu melden.

1.4.8 Grundsätze der Verarbeitung (Art. 5 DSGVO)

Für die Verarbeitung personenbezogener Daten gelten folgende Grundsätze:

Grundsätze bei personenbezogenen Daten

- **Rechtmäßigkeit:** PbD dürfen nur rechtmäßig erhoben, gespeichert und genutzt werden.
- **Verarbeitung nach Treu und Glauben:** Auf die Interessen Betroffener ist Rücksicht zu nehmen, Unklarheiten gehen nicht zu deren Lasten.
- **Transparenz:** Der Betroffene ist grundsätzlich über alles, was seine pbD betrifft, in verständlicher Art und Weise zu informieren.
- **Zweckbindung:** PbD dürfen nur zu dem Zweck verwendet werden, zu dem sie erhoben wurden.
- **Datenminimierung:** PbD müssen auf das unbedingt notwendige Maß begrenzt werden.
- **Richtigkeit:** PbD müssen sachlich richtig und auf dem aktuellen Stand sein.
- **Speicherbegrenzung:** PbD müssen unverzüglich gelöscht werden, wenn der Zweck der Verarbeitung entfallen ist oder der Betroffene die Einwilligung widerruft.
- **Integrität und Vertraulichkeit:** PbD müssen vor ungewollter Beschädigung, Löschung oder Veränderung und vor der Kenntnisnahme durch Unbefugte geschützt werden.

1.4.9   Datenschutz-Folgenabschätzung (Art. 35 DSGVO)

Beinhaltet eine Form der Verarbeitung oder Nutzung von personenbezogenen Daten voraussichtlich ein hohes Risiko für die Rechte der Betroffenen, so hat der Verantwortliche vorab eine Abschätzung der Folgen für den Schutz der Daten durchzuführen.

1.4.10 Datengeheimnis

Personen, die in der Datenverarbeitung bei nicht-öffentlichen Stellen beschäftigt sind, sind zu Beginn der Tätigkeit auf das Datengeheimnis zu verpflichten. Dieses besteht auch nach Beendigung der Tätigkeit fort.

Solchen Personen ist es untersagt, unbefugt Daten zu erheben, zu verarbeiten oder zu nutzen (Datengeheimnis).

1.4.11 Rechte Betroffener (Art. 12 ff. DSGVO)

Neben den Vorschriften zum Umgang mit personenbezogenen Daten räumen die Vorschriften zum Datenschutz den Betroffenen weitreichende Rechte in Bezug auf ihre Daten gegenüber den öffentlichen und nicht-öffentlichen Stellen ein.

Hier besteht unter anderem ein Auskunftsanspruch: Der Betroffene soll erfahren können, welche Daten über seine Person zu welchem Zweck gespeichert sind und an wen eine Weitergabe erfolgt (ist). Er hat weiterhin das Recht, die Berichtigung, Löschung und Sperrung von Daten zu verlangen, wenn diese z. B. unrichtig sind oder unrechtmäßig erhoben wurden. Hat der Betroffene in die Verarbeitung seiner Daten eingewilligt, kann er diese Einwilligung jederzeit widerrufen.

Rechte Betroffener
Auskunft, Benachrichtigung und Einsicht
Berichtigung, Löschung und Sperrung von Daten; Widerspruchsrecht
Anrufung des Datenschutzbeauftragten
Recht auf Datenübertragbarkeit
Einschränkungen beim Profiling

Darüber hinaus kann der Datenschutzbeauftragte im Streitfall vom Betroffenen angerufen werden und es kann eine entsprechende Überprüfung erfolgen.

Neu ist, dass die betroffene Person das Recht hat, die sie betreffenden personenbezogenen Daten, die sie einem Verantwortlichen bereitgestellt hat, in einem strukturierten, gängigen und maschinenlesbaren Format zu erhalten. Weiterhin hat sie das Recht, diese Daten einem anderen Verantwortlichen zu übermitteln (Art. 20 DSGVO).

Neu ist auch das Recht der betroffenen Person, nicht einer ausschließlich auf einer automatisierten Verarbeitung (einschließlich Profiling) beruhenden Entscheidung unterworfen zu werden, die ihr gegenüber rechtliche Wirkung entfaltet oder sie in ähnlicher Weise erheblich beeinträchtigt (Art. 22 DSGVO).

Die Rechte Betroffener können nur durch entsprechende Gesetze in den in Art. 23 DSGVO genannten Fällen eingeschränkt werden.

1.4.12 Videoüberwachung (Art. 32 DSGVO)

Die Videoüberwachung ist ein erprobtes Mittel der Kriminalitätsbekämpfung, ihr Einsatz jedoch nicht unbeschränkt möglich. Die DSGVO regelt den Einsatz von Videotechnik zur Überwachung öffentlich zugänglicher Räume (siehe auch § 4 BDSG). Zulässig ist sie nur, soweit sie zur:

- Aufgabenerfüllung öffentlicher Stellen,
- Wahrnehmung des Hausrechts oder
- Wahrnehmung berechtigter Interessen für konkret festgelegte Zwecke

erforderlich ist und keine Anhaltspunkte bestehen, dass **schutzwürdige Interessen** (z. B. ein Grundrecht) **der Betroffenen** überwiegen. Dies ist z. B. regelmäßig in Sanitärräumen der Fall.

Die Beobachtung und die verantwortliche Stelle sind durch geeignete Maßnahmen (üblich sind entsprechende **Hinweisschilder**) erkennbar zu machen.

Sind die Aufnahmen zur Erreichung des Zwecks der Überwachung nicht mehr erforderlich oder stehen schutzwürdige Interessen mindestens eines Betroffenen einer Speicherung entgegen, sind die Aufnahmen unverzüglich zu löschen.

Können durch die Videoüberwachung gewonnene Daten einer bestimmten Person zugeordnet werden, ist diese entsprechend den §§ 19a und 33 BDSG zu benachrichtigen.

1.4.13 Verstöße gegen Vorschriften des Datenschutzes

Verstöße gegen Vorschriften des Datenschutzes werden sehr ernst genommen und in der Regel streng geahndet.

Folgen von Verstößen gegen Bestimmungen des Datenschutzes
Schadenersatz
Bußgeldvorschriften
Strafvorschriften

Entsteht einem Betroffenen aus der unzulässigen oder unrichtigen Erhebung, Verarbeitung oder Nutzung seiner personenbezogenen Daten ein **Schaden**, ist die verantwortliche Stelle oder deren Träger zum Ersatz dieses Schadens verpflichtet (Art. 82 DSGVO, Gefährdungshaftung).

Wer vorsätzlich oder fahrlässig geschützte Daten unzulässig erhebt, verarbeitet oder nutzt, handelt ordnungswidrig und kann mit einem Bußgeld von bis zu 25.000 EUR belegt werden.

Auch Verstöße gegen andere Vorschriften sind ordnungswidrig; wer z. B. keinen Datenschutzbeauftragten bestellt oder vorgeschriebene technische oder organisatorische Maßnahmen nicht trifft, handelt ordnungswidrig.

Wer die Datenschutzbestimmungen vorsätzlich gegen Entgelt oder in der Absicht sich zu bereichern verletzt, kann mit einer Freiheitsstrafe bis zu zwei Jahren oder mit Geldstrafe bestraft werden (siehe auch Strafvorschriften des StGB: §§ 201 StGB ff.).

Privatrecht 2

2.1 Einführung

Wie wir bereits im vorangegangenen Abschnitt gesehen haben, regelt das **Privatrecht** oder auch **Zivilrecht** die Rechtsbeziehungen zwischen gleichberechtigten Bürgern.

Die Rechtssubjekte stehen hier auf Augenhöhe nebeneinander. Die Grundgedanken des Privatrechts, die sich aus den Grundrechten des Grundgesetzes ableiten, sind **Freiheit** und **rechtliche Gleichheit.**

▶ **Rechtssubjekt** ist der Träger (Inhaber) von Rechten. Jeder Mensch (natürliche Person) ist rechtsfähig, d. h. er hat die Fähigkeit, Träger von Rechten (und Pflichten) zu sein.

Die Rechtsfähigkeit beginnt mit der Geburt und endet mit dem Tod.

Im Folgenden werden wir uns die Bereiche des Privatrechts näher anschauen, die im Bewachungsgewerbe von Bedeutung sind. Hier werden wir auch bereits den ersten Teil des „**Handwerkszeugs**" von Sicherheitsmitarbeitern kennenlernen.

© Springer Fachmedien Wiesbaden GmbH, ein Teil von Springer Nature 2023
R. Schwarz, *Sachkunde im Bewachungsgewerbe (IHK)*,
https://doi.org/10.1007/978-3-658-38142-4_2

Relevante Rechtsbereiche des Privatrechts		
Bürgerliches Recht	→	Eigentum, Besitz, Besitzdienerschaft
		Verbotene Eigenmacht
		Selbsthilfe
		Schadenersatz
		Spezielle Rechtfertigungsgründe

2.2   Personen im Privatrecht

Neben **natürlichen Personen** (Menschen) sind im Privatrecht auch so genannte **juristische Personen** Rechtssubjekte und damit Träger von Rechten. Ohne Mensch zu sein, werden sie rechtlich (juristisch) trotzdem wie eine Person behandelt.

▶ **Juristische Person (rechtliche Person)** ist eine Personenvereinigung (oder ein sonstiges Gebilde), die in der Regel ein gemeinsames Ziel verfolgt und die rechtlich wie eine Person behandelt wird. Damit treten nicht mehr ihre Mitglieder einzeln, sondern alle gemeinsam als ein Rechtssubjekt in Erscheinung.

Dabei gilt der Grundsatz der Gleichberechtigung im Privatrecht uneingeschränkt auch für diese.

Am häufigsten begegnen uns juristische Personen als Aktiengesellschaften oder GmbHs in der Wirtschaft. Sie erkennen das z. B. daran, dass Sie einen Arbeitsvertrag nicht mit einem der Inhaber persönlich schließen, sondern mit dem Unternehmen.

Im Wesentlichen können juristische Personen Träger der gleichen Rechte sein. Ausnahmen ergeben sich nur durch den Charakter als Vereinigung gegenüber einem Menschen. So können juristische Personen Eigentümer und Besitzer sein, das Recht auf körperliche Unversehrtheit aber z. B. bleibt ihnen verwehrt, da es an einem entsprechenden Körper fehlt.

2.3   Schadenersatzpflicht aus unerlaubter Handlung (§ 823 BGB)

Ausgehend von der Vorstellung, dass die Rechtsordnung die Rechte einer Person gegen rechtswidrige Eingriffe Dritter zu schützen hat, ergibt sich zum einen die

Notwendigkeit, zu definieren, welche Eingriffe rechtswidrig sein sollen, und zum anderen, welche Folgen ein solcher Eingriff (Rechtsverletzung) haben soll.

§ 823 BGB (Auszug)

(1) Wer vorsätzlich oder fahrlässig das Leben, den Körper, Die Gesundheit, die Freiheit, das Eigentum oder ein sonstiges Recht eines anderen widerrechtlich verletzt, ist dem anderen zum Ersatz des daraus entstehenden Schadens verpflichtet. (...)

2.3.1 Schadenersatzpflicht

Die typische Rechtsfolge der unerlaubten Handlung im Privatrecht ist die **Schadenersatzpflicht.**

Die Pflicht zum Schadenersatz bedeutet dabei die Wiederherstellung des Zustandes, der bestehen würde, wenn der zum Ersatz des Schadens führende Umstand nicht eingetreten wäre.

▶ **Schadenersatzpflicht** Die Pflicht zur Herstellung des Zustandes, der bestehen würde, wenn das schädigende Ereignis nicht eingetreten wäre.

Wenn ich beispielsweise das Auto eines Freundes beschädige, aber anschließend auf meine Kosten reparieren lasse, ist der Zustand wiederhergestellt, der vor der Beschädigung bestanden hat – mein Freund hat ein intaktes Fahrzeug. Ich habe den Schaden also ersetzt.

Erste Voraussetzung für die Schadenersatzpflicht ist somit, dass tatsächlich ein Schaden entstanden ist.

▶ **Schaden** ist jeder Nachteil (Wertminderung, Zerstörung o. Ä.), den eine Person (Personenschaden) oder eine Sache (Sachschaden) durch ein Ereignis (z. B. unerlaubte Handlung) erleidet.

Führen wir das obige Beispiel weiter fort, besteht der Schaden darin, dass ein intaktes Fahrzeug einen höheren Wert hat als ein teilweise Zerstörtes. Die Beschädigung durch mich (Ereignis; teilweise Zerstörung) hat dazu geführt, dass das Fahrzeug weniger wert ist.

Die **Schadenhöhe** (der Umfang des Schadens) lässt sich in diesem Beispiel sehr leicht als Differenz zwischen dem Wert vor der Beschädigung und dem Wert nach der Beschädigung berechnen.

►Wert ohne Beschädigung – Wert mit Beschädigung = Schaden

Die **Schadenhöhe** oder auch der Schadenumfang ist demnach also immer der Unterschied zwischen der Vermögenslage, die sich infolge des schädigenden Ereignisses ergibt, und der Vermögenslage, wie sie ohne dieses Ereignis bestehen würde.

Zweite Voraussetzung ist, dass einer Person (Geschädigter) durch eine andere Person (Schädiger) ein Schaden entstanden ist.

► **Geschädigter** ist diejenige Person, deren Rechte verletzt wurden und die durch die Rechtsverletzung schlechter gestellt ist als ohne das schädigende Ereignis. Sie hat Anspruch auf Schadenersatz.

Wobei mit Person sowohl natürliche als auch juristische Personen gemeint sind. Auch juristische Personen sind also, wenn sie einen Schaden verursachen, zum Schadenersatz verpflichtet.

► **Schädiger** ist diejenige Person, die die Rechte einer anderen Person verletzt und diese dadurch schlechter gestellt hat, als ohne das schädigende Ereignis.

Sie ist zum Ersatz des daraus resultierenden Schadens verpflichtet.

2.3.2 Unerlaubte Handlung

Das schädigende Ereignis als Voraussetzung für eine Schadenersatzpflicht, mit dem wir uns hier beschäftigen wollen, ist die unerlaubte Handlung – auch als **Delikt** bezeichnet.

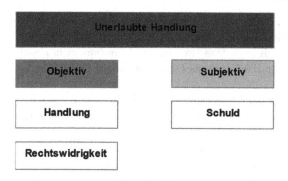

Erste Voraussetzung hier ist die Ursächlichkeit. Der Schaden ist als Ursache direkt auf die Handlung zurückzuführen **(Kausalität)**. Eine Handlung hat ein bestimmtes Ergebnis zur Folge **(Taterfolg)**.

▶ Unerlaubte Handlung (Delikt) → Schaden

Wenn wir die Wertminderung des Autos aus dem obigen Beispiel als Ergebnis betrachten, so ist die vorangegangene Beschädigung direkt dafür verantwortlich gewesen. Sie war die Ursache.

▶ **Handlung** ist die Herbeiführung eines Ergebnisses, das es ohne diese Handlung nicht gegeben hätte.

Zweite Voraussetzung ist die **Widerrechtlichkeit** der Handlung. So lange eine Handlung rechtmäßig, also in Übereinstimmung mit den Gesetzen erfolgt, kann sie niemals einen Schadenersatzanspruch auslösen, selbst wenn durch sie tatsächlich ein Schaden verursacht wurde.

Für den Anspruch auf Schadenersatz ist es also zwingend, dass die Handlung ein **zwingendes Recht verletzt** – unerlaubt geschieht.

▶ **Widerrechtlichkeit** ist die Verletzung eines geschützten Rechtsgutes (Eigentum usw.).

Dritte Voraussetzung ist die **Schuldhaftigkeit** der Rechtsverletzung. Schuldhaft handelt, wer **vorsätzlich** oder **fahrlässig** einen Schaden herbeiführt.

Vorsatz ist die bewusste Herbeiführung der Rechtsverletzung (hier des Schadens). Der Handelnde will den Schaden verursachen. Dabei muss der Schaden nicht als sichere Folge seines Handelns gelten, es reicht aus, wenn dieser den Schaden als eine mögliche Folge voraussieht (bedingter Vorsatz).

Fahrlässigkeit liegt dann vor, wenn das Ergebnis nicht absichtlich herbeigeführt wurde, der Handelnde aber die erforderliche Sorgfalt außer Acht gelassen hat.

Fahre ich mit dem Auto meines Freundes absichtlich gegen ein verschlossenes Tor, um es aufzubekommen, weil ich den Schlüssel vergessen habe, tue ich dies vorsätzlich.

Fahre ich jedoch gegen das Tor, weil ich auf regennasser Fahrbahn nicht rechtzeitig zum Stehen komme, handle ich fahrlässig.

In beiden Fällen ist das Ergebnis die Beschädigung des Fahrzeugs. Im ersten Fall nehme ich dies als Folge in Kauf, im zweiten Fall sehe ich die Folge nicht voraus, hätte sie aber leicht durch angepasste Geschwindigkeit verhindern können.

▶ **Schuldhaftigkeit** ist die vorsätzliche oder fahrlässige Herbeiführung eines Erfolges (z. B. eine Schadens).

2.3.3   Prüfschema nach § 823 BGB

Aus den vorangegangenen Abschnitten haben wir zusammengefasst damit folgende Voraussetzungen:

- Es ist dem Geschädigten tatsächlich ein Schaden entstanden.
- Der Schaden ist ursächlich auf die Handlung des Schädigers zurückzuführen.
- Die Handlung war widerrechtlich (unerlaubt).
- Der Schädiger handelte schuldhaft.

Prüfschema

A ist dem B zum Schadenersatz verpflichtet, wenn:

1. A den B geschädigt hat (objektiv ein Schaden entstanden ist).
2. Die Schädigung durch die Verletzung eines Rechtsgutes erfolgte (der Schaden als Folge der Rechtsverletzung entstanden ist).

3. Die Verletzung widerrechtlich war (A gegen geltendes Recht verstoßen hat) und
4. A vorsätzlich oder fahrlässig handelte (schuldhaft).

2.4 Rechtfertigungsgründe im Privatrecht

Ist die Schadenersatzpflicht nach § 823 BGB zu prüfen, ist im dritten Schritt zu prüfen, ob die Verletzung des Rechtsgutes widerrechtlich erfolgte. Dabei haben wir festgestellt, dass dies immer dann der Fall ist, wenn eine Handlung gegen geltendes Recht verstößt.

An dieser Stelle muss die Prüfung der Widerrechtlichkeit einer Handlung um einen Aspekt erweitert werden.

Trotz der eigentlichen **Rechtswidrigkeit** einer Handlung kann diese **gerechtfertigt** sein. Man spricht hier von Rechtfertigungsgründen.

Rechtfertigungsgründe im BGB
Notwehr (§ 227 BGB)
Verteidigender Notstand (§ 228 BGB)
Angreifender Notstand (§ 904 BGB)

2.4.1 Notwehr (§ 227 BGB)

Eine durch Notwehr gebotene Handlung ist nicht widerrechtlich und führt damit automatisch zur Verneinung eines Schadenersatzanspruches. Es fehlt am Merkmal der „unerlaubten Handlung".

§ 227 BGB (Auszug)

(...)

(2) Notwehr ist diejenige Verteidigung, welche erforderlich ist, um einen gegenwärtigen rechtswidrigen Angriff von sich oder einem anderen abzuwenden.

Im Abschnitt Strafrecht werden wir uns näher mit der Notwehr beschäftigen, da ihr dort die weitaus größere Bedeutung zukommt. Alle dort gemachten Ausführungen gelten jedoch analog für das Privatrecht.

2.4.2 Defensiver Notstand (§ 228 BGB)

Wer eine Sache beschädigt oder zerstört – hier geht es also ausschließlich um **Sachschäden** –, handelt dann nicht widerrechtlich, wenn dies erforderlich ist, um eine durch diese Sache drohende Gefahr von sich oder einem anderen abzuwenden.

§ 228 BGB (Auszug)

Wer eine fremde Sache beschädigt oder zerstört, um eine durch sie drohende Gefahr von sich oder einem anderen abzuwenden, handelt nicht widerrechtlich, wenn die Beschädigung oder die Zerstörung zur Abwendung der Gefahr erforderlich ist und der Schaden nicht außer Verhältnis zu der Gefahr steht. (…)

Ein Sturm hat die Scheiben eines im dritten Stock offen stehenden Fensters beschädigt und die restlichen Scherben drohen auf den Gehweg zu fallen und Regen ins Gebäude einzudringen (Notstandslage; drohende Gefahr von einer Sache).

Notstand § 228 BGB
Notstandslage Durch eine Sache droht eine Gefahr für mich oder einen anderen.
Motiv Die Zerstörung oder Beschädigung erfolgt, um die Gefahr zu beseitigen.
Interessenabwägung Die Zerstörung oder Beschädigung steht in einem angemessenen Verhältnis zum drohenden Schaden. (angerichteter Schaden < drohender Schaden)
Erforderlichkeit Die Zerstörung oder Beschädigung ist erforderlich, d. h. sie ist auch tatsächlich geeignet, um die Gefahr zu beseitigen und es gibt keine Mittel, die milder sind (weniger beeinträchtigen).

▶**Gefahr** ist ein Zustand, dessen Weiterentwicklung den Eintritt oder die Intensivierung eines Schadens für ein Rechtsgut oder ein rechtlich geschütztes Interesse ernstlich befürchten lässt, sofern nicht zeitnah Gegenmaßnahmen ergriffen werden.

Das heißt, dass der Eintritt eines Schadens für ein Rechtsgut naheliegt, mindestens aber eine gewisse Wahrscheinlichkeit dafür vorliegt.

Hierbei kommt es nicht auf die Sicht und das Wissen des Einzelnen an, sondern auf den Standpunkt eines objektiven, alle relevanten Umstände kennenden Betrachters. Vom Gefahrenbegriff wird dabei auch die sogenannte Dauergefahr umfasst.

Sie beschließen, das Fenster und die restlichen Scherben zu beseitigen und das Fenster provisorisch mit einem Brett zu vernageln (Beschädigung der Sache), um das Herunterfallen der Scherben und das Eindringen von Regen zu verhindern (Motiv).

Personenschäden (durch herabfallende Scherben) sind stets höher zu bewerten als Sachschäden (Interessenabwägung) und Ihnen steht in dieser Situation kein anderes Mittel zur Verfügung, das beide Gefahren beseitigt (Erforderlichkeit).

2.4.3 Aggressiver Notstand § 904 BGB

Im Unterschied zum verteidigenden Notstand besteht hier die Gefahr für ein beliebiges Rechtsgut (Personen oder Sachen) und die Einwirkung (Nutzung, Beschädigung oder Zerstörung) erfolgt auf eine andere Sache, um die Gefahr abzuwenden.

Sache und Gefahr haben zunächst nichts miteinander zu tun (die Gefahr geht nicht von der Sache aus).

§ 904 BGB

Der Eigentümer einer Sache ist nicht berechtigt, die Einwirkung eines anderen auf die Sache zu verbieten, wenn die Einwirkung zur Abwendung einer gegenwärtigen Gefahr notwendig und der drohende Schaden gegenüber dem aus der Einwirkung dem Eigentümer entstehenden Schaden unverhältnismäßig groß ist. Der Eigentümer kann Ersatz des ihm entstehenden Schadens verlangen.

Der Eigentümer muss die Einwirkung dulden, er darf sich in diesem Fall nicht gegen die Einwirkung auf sein Eigentum verteidigen (Notwehr). Allerdings

muss der angerichtete Schaden unverhältnismäßig kleiner sein als der drohende
Schaden an dem anderen Rechtsgut.

Notstand § 904 BGB
Notstandslage Gefahr für ein Rechtsgut
Motiv Die Einwirkung erfolgt, um die Gefahr zu beseitigen.
Interessenabwägung angerichteter Schaden < drohender Schaden
Erforderlichkeit Die Einwirkung ist erforderlich und das mildeste Mittel.

Auf einem Streifengang finden Sie eine verletzte Person mit einer stark blu-
tenden Wunde (drohende Gefahr für eine Person). Der Fahrer eines haltenden
Fahrzeuges weigert sich, Ihnen zu helfen. Daraufhin nehmen Sie den Verbandkasten gegen dessen Willen aus dem Kofferraum (Einwirkung auf Fahrzeug und
Verbandkasten) und versorgen die Wunde (Motiv).

Die Beschädigung des Verbandkastens ist unverhältnismäßig kleiner als die
Gefahr durch die Blutung (Interessenabwägung) und ein anderes Mittel steht
Ihnen nicht zur Verfügung (Erforderlichkeit; mildestes Mittel).

2.5   Eigentum, Besitz und Besitzdienerschaft

2.5.1   Eigentümer und Besitzer

Umgangssprachlich verwenden wir häufig die beiden Begriffe Eigentümer und
Besitzer synonym. Rechtlich besteht jedoch ein erheblicher Unterschied.

▶ **Eigentum (§ 903 BGB)** ist die Ausübung der rechtlichen Gewalt über eine
Sache. Der Eigentümer kann mit der Sache nach Belieben verfahren und andere
von jeder Einwirkung ausschließen.

Der Eigentümer eines Fahrzeuges (z. B. eine Autovermietung) kann sein Auto verkaufen, verschenken oder verschrotten lassen. Niemand kann ihn daran hindern. Er übt die **rechtliche Gewalt** aus.

▶ **Besitz (§ 854 BGB)** ist die Ausübung der tatsächlichen Gewalt über eine Sache.

Verleiht der Eigentümer (Autovermietung) sein Fahrzeug vorübergehend an einen Kunden, so übt dieser Kunde für diese Zeit die tatsächliche Gewalt über das Auto aus. Es ist ihm jedoch nicht gestattet, das Fahrzeug zu verkaufen, zu verschenken oder verschrotten zu lassen, denn Eigentümer ist nach wie vor der Autovermieter.

2.5.2   Besitzdiener

Übt der Besitzer die tatsächliche Gewalt über eine Sache lediglich im Auftrag (weisungsgebunden) aus, so ist er nicht Besitzer, sondern Besitzdiener. Seine Verfügung über die Sache wird durch die Weisungsgebundenheit eingeschränkt.

▶ **Besitzdienerschaft (§ 855 BGB)** ist die Ausübung der tatsächlichen Gewalt über eine Sache im Auftrag (weisungsgebunden) eines anderen.

Vor Beginn der Revierfahrt übernehmen Sie ein Fahrzeug aus dem Fuhrpark. Die Dienstanweisung Ihres Arbeitgebers erlaubt ausschließlich die Benutzung für dienstliche Zwecke. Sie können also nicht frei über das Auto verfügen, da die Weisungen Ihres Arbeitgebers, an die Sie gebunden sind, dies einschränken.

2.6   Verbotene Eigenmacht (§ 858 BGB)

Führen wir das Beispiel von eben fort und Sie entschließen sich, das Fahrzeug gegen die ausdrückliche Weisung des Arbeitgebers mit nach Hause zu nehmen, da Sie den Wochenendeinkauf nicht zu Fuß erledigen wollen.

Hier liegt verbotene Eigenmacht vor, Sie entziehen Ihrem Arbeitgeber (Besitzer des Fahrzeuges) seinen Besitz, indem Sie ihn von der Benutzung ausschließen. Man nennt dies **Besitzentziehung.**

Aus Langeweile bringen Sie an der Sichtscheibe des Wachgebäudes ohne Genehmigung ein Plakat Ihrer Lieblingsband an, niemand kann mehr vorbeigehende Besucher sehen.

Dies ist die zweite Form der verbotenen Eigenmacht, die **Besitzstörung.** Hier wird der Besitzer in der Ausübung seines Besitzrechtes gestört, das Wachgebäude kann so nicht mehr bestimmungsgemäß genutzt werden.

2.7   Selbsthilfe

2.7.1   Selbsthilfe des Besitzers (§ 859 BGB)

Der rechtmäßige **Besitzer** einer Sache darf sich gegen verbotene Eigenmacht mit Gewalt wehren.

In den obigen Beispielen entfernt Ihr Teamleiter im Auftrag Ihres Arbeitgebers das Plakat wieder von der Sichtscheibe des Wachgebäudes (Besitzwehr) und der Einsatzleiter fährt Ihnen gemeinsam mit einem Kollegen nach und entreißt Ihnen den Schlüssel des Firmenwagens vor dem Einkaufszentrum (Besitzkehr). Wir unterscheiden folglich zwei Formen der Selbsthilfe des Besitzers:

Selbsthilfe des Besitzers		
Besitzwehr	→	Ist die Abwehr verbotener Eigenmacht mit Gewalt.
Besitzkehr	→	Der entzogene Besitz kann dem auf frischer Tat betroffenen Täter mit Gewalt wieder abgenommen werden.

2.7.2 Selbsthilfe des Besitzdieners (§ 860 BGB)

Dem **Besitzdiener** stehen bei der Selbsthilfe die gleichen Rechte zu wie dem Besitzer. Er ist dem Besitzer gleichgestellt.

2.7.3 Allgemeine Selbsthilfe (§§ 229, 230 BGB)

Während die Selbsthilfe des Besitzers und des Besitzdieners jeweils den Besitz voraussetzen, steht die allgemeine Selbsthilfe jedem zu, der ein geschütztes Recht verteidigen will.

▶ **Selbsthilfe** ist die *Sicherung eines privatrechtlichen Anspruchs* durch *Wegnahme, Beschädigung oder Zerstörung einer Sache* oder durch die *Festnahme eines Verdächtigen bei Fluchtgefahr* oder durch das *Brechen des Widerstandes eines Verdächtigen mit körperlicher Gewalt*, wenn dies zur Sicherung des Anspruchs *notwendig* ist und die *Obrigkeit nicht rechtzeitig erreichbar* ist.

Aus § 229 BGB ergeben sich die folgende Voraussetzungen:

- Es besteht ein privatrechtlicher Anspruch (geschütztes Rechtsgut).
- Hilfe der Obrigkeit (z. B. Polizei) ist nicht rechtzeitig zu erlangen.
- Sofortiges Eingreifen ist notwendig, um den Anspruch zu sichern (ein späteres Eingreifen verhindert oder erschwert die Verwirklichung des Anspruchs erheblich).

Erlaubt sind dabei folgende Maßnahmen:

- Wegnahme, Beschädigung oder Zerstörung einer Sache
- Beseitigung von Widerstand; auch mit körperlicher Gewalt
- Festnahme des Verdächtigen bei Fluchtgefahr

Dabei hat die Selbsthilfe ihre Grenzen in den Regelungen des § 230 BGB. Sobald dies nach den Umständen möglich ist, ist obrigkeitliche Hilfe durch eine Behörde oder ein Gericht in Anspruch zu nehmen. Keinesfalls darf Selbsthilfe zu „Selbstjustiz" werden.

2.8   Schikaneverbot (§ 226 BGB)

Das Privatrecht erlaubt grundsätzlich jedem Rechteinhaber, seine Rechte durchzusetzen und schützt die Rechtsgüter jedes Einzelnen.

Soll die Durchsetzung eines Rechts jedoch nicht den Zweck haben, das
Rechtsgut zu schützen, sondern einem anderen dadurch Schaden zuzufügen, ist
dies unzulässig.

§ 226 BGB

Die Ausübung eines Rechts ist unzulässig, wenn sie nur den Zweck haben kann,
einem anderen Schaden zuzufügen.

Ein Sicherheitsmitarbeiter kontrolliert beispielsweise bei Stichproben immer
denselben Mitarbeiter, weil dieser ihm unsympathisch ist.

2.9   Haftung des Tierhalters (§ 833 BGB)

Hier sieht das Gesetz eine besondere Form der Haftung des Tierhalters vor, die
so genannte **Gefährdungshaftung.** Wir haben im Abschnitt Schadenersatzpflicht
aus unerlaubter Handlung gesehen, dass eine Haftung nur in Frage kommt, wenn
der Schädiger schuldhaft gehandelt hat. Die Haftung des Tierhalters bildet hier
eine Ausnahme. Er haftet für Schäden, die das Tier verursacht hat, unabhängig
davon, ob ihn ein Verschulden trifft oder nicht.

Hintergrund ist die besondere Gefahr, die von einem Tier durch sein typisches,
unberechenbares Verhalten ausgeht. An den Halter werden insoweit besondere
Sorgfaltspflichten gestellt, Schädigungen Dritter zu verhindern.

2.10   Umgang mit Fundsachen

Der Umgang mit Fundsachen, in deren Besitz Sicherheitsmitarbeiter während
des Dienstes gelangen, unterliegt einer Reihe von Regelungen. Ziel ist es, die
verlorene Sache dem ursprünglichen Eigentümer/Besitzer zurückzugeben.

Hierfür sieht das BGB eine Reihe von Regelungen vor, die für den Dienst
relevant sind:

• Anzeige- und Verwahrungspflicht §§ 965, 966 und 967 BGB
• Finderlohn § 971 BGB
• Eigentumserwerb des Finders § 973 BGB

Fundsachen sind vorübergehend besitzlos, jedoch nicht herrenlos gewordene Sachen. Der Eigentümer verliert nicht seine Rechte an der Sache, er kann nur die tatsächliche Herrschaftsmacht nicht mehr ausüben. Die Fundsache geht daher nicht automatisch in das Eigentum des Finders über. Vielmehr begründet er nur neuen Besitz.

Er ist verpflichtet, den Verlierer oder Eigentümer unverzüglich von dem Fund zu unterrichten. Ist dieser unbekannt, so erfolgen eine Anzeige und die Übergabe an die zuständige Behörde. Hierfür wird eine Fundmeldung nach dem Muster in der Abb. 2.1 erstellt.

FUNDMELDUNG	
	Datum, Uhrzeit
Beschreibung der Fundsache inkl. geschätzter Wert	
Angaben zum Finder	Annehmender
Unterschrift	Unterschrift
Übergabe an Behörde	Rückgabe an Verlierer
Datum	Datum, Unterschrift
Rückgabe an Finder	
Datum, Unterschrift	

Abb. 2.1 Muster einer Fundmeldung

Bis zur Rückgabe an den Verlierer oder der Übergabe an die Behörde ist der
Finder zur sicheren Aufbewahrung verpflichtet:

- Registrierung der Fundsache
- Ermittlung und Unterrichtung des ursprünglichen Besitzers
- Aufbewahrung bis zur Übergabe

Liegt der Wert einer gefundenen Sache unter 10 €, kann die Sache im Betrieb
aufbewahrt werden (Frist: 6 Monate) und eine Anzeige unterbleiben. Liegt der
Wert über 10 €, ist die Sache nach der Registrierung an das Fundamt zu
übergeben.

Ist der Eigentümer ermittelt und die Sache übergeben worden, hat der Finder
Anspruch auf Finderlohn und den Ersatz seiner Aufwendungen (§§ 971 und 978
BGB). Kann der Eigentümer innerhalb der Frist von sechs Monaten nicht ermittelt
werden, so erwirbt der Finder das Eigentum an der Sache (§ 973 BGB).

Strafrecht 3

3.1 Einführung

Das Strafrecht als Teil des öffentlichen Rechts ist durch die Unterordnung der Bürger unter die Staatsgewalt gekennzeichnet.

Strafrecht
Staat
↕
Bürger

Aufgabe des Strafrechts ist es, begangene Rechtsverletzungen zu ahnden. Aus dem Privatrecht kennen wir als typische Rechtsfolge einer Rechtsverletzung die Schadenersatzpflicht.

Im Strafrecht finden wir als Rechtsfolge einer Rechtsverletzung (unerlaubten Handlung) stets die **Strafe,** eine staatliche Sanktion gegen begangenes Unrecht.

Dabei ist zu beachten, dass Privatrecht und Strafrecht gleichberechtigt nebeneinanderstehen. Mit der Folge, dass eine Rechtsverletzung sowohl eine Strafe als auch eine Schadenersatzpflicht nach sich ziehen kann, soweit die jeweiligen Voraussetzungen erfüllt sind.

Neben dem Strafgesetzbuch zählen auch die so genannten **Strafnebengesetze** zum materiellen Strafrecht. Wir kennen dies z. B. aus der GewO und dem BDSG.

Das **Strafverfahrensrecht** als Teil des Strafrechts bestimmt, wie die einzelnen Vorschriften der Straf- und Strafnebengesetze durchgesetzt werden.

© Springer Fachmedien Wiesbaden GmbH, ein Teil von Springer Nature 2023
R. Schwarz, *Sachkunde im Bewachungsgewerbe (IHK),*
https://doi.org/10.1007/978-3-658-38142-4_3

Die Tabelle enthält eine Übersicht der Rechtsnormen, die zum Straf- und zum Strafverfahrensrecht zählen:

Übersicht der Rechtsnormen	
Strafrecht	**Strafverfahrensrecht**
Strafgesetzbuch (StGB)	Strafprozessordnung (StPO)
Strafnebengesetze (z. B. GewO, BDSG)	Gerichtsverfassungsgesetz (GVG)

Der letzte Teil ist das so genannte **Strafvollzugsrecht**. Es regelt die Durchführung der Bestrafung, wie z. B. die Verbüßung einer Haftstrafe in einer Justizvollzugsanstalt. Hierzu zählen das Strafvollstreckungsrecht und das Strafvollzugsrecht.

3.2   Strafgesetzbuch (StGB)

Das Strafgesetzbuch regelt als **Kern des Strafrechts** die Voraussetzungen und Rechtsfolgen unerlaubter Handlungen (Delikte).

Der **Allgemeine Teil** des Strafgesetzbuches regelt dabei in den §§ 1 bis 79b StGB die Grundsätze, die für alle Straftaten gelten, und definiert Begriffe. Der **Besondere Teil** regelt in den §§ 80 bis 358 StGB die einzelnen Straftatbestände, sie beschreiben im Einzelnen das Verhalten, welches strafbar sein soll.

Strafgesetzbuch	
Allgemeiner Teil	**Besonderer Teil**
Grundsätze	Tatbestände
Begriffsbestimmungen Schuld Täterschaft usw.	

3.2.1 Straftat

Aus dem Abschnitt Privatrecht kennen wir bereits den deliktspezifischen Aufbau einer unerlaubten Handlung. Dieser Aufbau begegnet uns mit einer Ergänzung im Strafrecht wieder. Der objektive Teil der unerlaubten Handlung wird um ein weiteres Element – den **Tatbestand** – erweitert.

► **Tatbestand** ist das im Gesetz beschriebene Verhalten, welches strafbar sein soll. Entspricht die tatsächliche Handlung des Täters dieser Beschreibung, ist der Tatbestand verwirklicht (Tatbestandsmäßigkeit der Handlung).

Für die Begründung einer Schadenersatzpflicht im Privatrecht ist es unerheblich, welche Tat für den Schaden verantwortlich ist. Ausschlaggebend sind allein die Rechtswidrigkeit und Schuldhaftigkeit der Tat.
Das Strafrecht knüpft nun aber an unterschiedliche Taten unterschiedliche Rechtsfolgen (Strafen) und so ist im Strafrecht neben der Rechtswidrigkeit und der Schuldhaftigkeit auch zu prüfen, welche Tat begangen wurde.

Eine **Straftat** ist demnach eine vorsätzliche oder fahrlässige Handlung (ein Tun oder Unterlassen), die einen **Tatbestand** des Strafrechts verwirklicht (im Paragrafen beschriebenes Verhalten) und dafür weder **Rechtfertigungsgründe** (Rechtswidrigkeit) noch **Entschuldigungsgründe** (Schuldhaftigkeit) vorliegen.

Kennt der Täter bei Begehung der Tat jedoch einen Umstand nicht, der zum gesetzlichen Tatbestand gehört, handelt er nicht vorsätzlich (siehe auch 5.2.2.5). Nimmt er irrig Umstände an, die den Tatbestand eines milderen Gesetzes verwirklichen würden, kann er nur nach dem milderen Gesetz bestraft werden (§ 16 StGB). Es kommt mithin nicht nur darauf an welche Tatbestände der Täter verwirklicht, sondern vielmehr welche Tatbestände er bei Begehung der Tat verwirklichen will.

Beispiel Tatbestandsmäßigkeit

Ist A Raucher? (Hat A den Tatbestand „Raucher" verwirklicht?)◄

Tatbestand	Handlung	Schlussfolgerung
Wer Zigaretten raucht, ist Raucher	A raucht eine Zigarette	A ist Raucher

3.2.2 Strafgesetzbuch – Allgemeiner Teil

3.2.2.1 Keine Strafe ohne Gesetz (§ 1 StGB)

Diese Vorschrift schützt die Bürger vor willkürlicher Strafverfolgung und Bestrafung. Sie resultiert unmittelbar aus dem Verfassungsprinzip der Rechtsstaatlichkeit. Dabei finden wir in § 1 StGB drei Elemente:

Zum einen der **Schutz vor willkürlicher Bestrafung** und zum anderen soll für jeden Bürger deutlich erkennbar sein, welches Verhalten verboten ist. Als drittes Element finden wir das **Rückwirkungsverbot**. Eine Tat soll nicht nachträglich (nach der Begehung) unter Strafe gestellt werden können. Die Bürger sollen sich darauf verlassen können.

§ 1 StGB

Eine Tat kann nur bestraft werden, wenn die Strafbarkeit gesetzlich bestimmt war, bevor die Tat begangen wurde.

3.2.2.2 Verbrechen, Vergehen, Ordnungswidrigkeit

Vergehen sind rechtswidrige Taten, die mit einem Strafmaß von unter einem Jahr Freiheitsstrafe oder mit Geldstrafe bedroht sind (§ 12 StGB).

Verbrechen sind rechtswidrige Taten, die mit einem Strafmaß von mindestens einem Jahr Freiheitsstrafe bedroht sind.
Ordnungswidrigkeiten sind keine Straftaten im Sinne des Strafgesetzes. Sie sind in der Regel mit Geldbußen bedroht (z. B. falsches Parken).

3.2.2.3 Täterschaft, Beteiligung und Handeln für einen anderen

Im Strafrecht (§ 25 StGB) unterscheiden wir drei Formen der **Täterschaft**. Den unmittelbaren Täter, den Mittäter und den mittelbaren Täter.

§ 25 StGB

(1) Als Täter wird bestraft, wer die Straftat selbst oder durch einen anderen begeht.
(2) Begehen mehrere die Straftat gemeinschaftlich, so wird jeder als Täter bestraft (Mittäter).

Unmittelbarer Täter ist, wer die Straftat selbst begeht. Er hat ein Interesse an der Begehung der Tat (*Tatinteresse*) und kann die Tat nach seinen Wünschen gestalten (*Tatherrschaft*).
Mittelbarer Täter hingegen ist, wer die Tat durch einen anderen begeht. Der Täter bedient sich zur Tatbegehung eines „Werkzeuges", um den gesetzlichen Tatbestand zu verwirklichen. Dem „Werkzeug" fehlt es dabei an Tatinteresse und Tatherrschaft. Er handelt nach dem Willen des mittelbaren Täters, der gestaltend im Hintergrund seine Interessen verfolgt.
Mittäter ist, wer die Tat gemeinsam mit einem anderen Täter begeht. Voraussetzung ist, dass die Täter aufgrund eines gemeinsamen Planes vorgehen. Beide haben somit Tatinteresse und Tatherrschaft.

Täterschaft		
Begriff		**Beschreibung**
Unmittelbarer Täter	→	Tatbegehung
Mittäter	→	Gemeinsame Tatbegehung
Mittelbarer Täter	→	Tatbegehung durch eine andere Person

Neben der Täterschaft sind weitere Formen der **Tatbeteiligung** denkbar (§§ 26 und 27 StGB). Die Strafgesetzgebung unterscheidet hier zwischen Anstiftung und Beihilfe.

Beteiligung		
Begriff		**Beschreibung**
Anstiftung	→	Bestimmung des Täters zur Tat
Beihilfe	→	Leistung von Hilfe vor/ während der Tat

Anstiftung ist die Bestimmung eines Täters zu einer rechtswidrigen Tat. Der Anstifter ruft beim Angestifteten das Tatinteresse hervor. Wichtig ist, dass sowohl die Anstiftung als auch die Tat vorsätzlich begangen worden sein müssen.

§ 26 StGB

Als Anstifter wird gleich dem Täter bestraft, wer vorsätzlich einen anderen zu dessen vorsätzlich begangener rechtswidriger Tat bestimmt hat.

Beihilfe zu einer Straftat leistet, wer dem Täter durch Rat und Tat Hilfe bei seiner Tat geleistet hat. Auch hier gilt: Beide Handlungen müssen vorsätzlich erfolgt sein.

§ 27 StGB (Auszug)

(1) Als Gehilfe wird bestraft, wer vorsätzlich einem anderen zu dessen vorsätzlich begangener rechtswidriger Tat Hilfe geleistet hat. (…)

Neben den eben beschriebenen Täterschafts- und Beteiligungsformen gibt es im Strafrecht noch das **Handeln für einen anderen** (§ 14 StGB).

Das Strafgesetzbuch kennt kein strafbares Handeln von Gesellschaften und anderen juristischen Personen. Hier wird das strafbare Handeln dem verantwortlichen Vertreter (z. B. Geschäftsführer) zugerechnet. Er wird behandelt, als hätte er selbst die Straftat begangen.

3.2.2.4 Garantenstellung und Begehen durch Unterlassen

Die Garantenstellung ist eine besondere Rechtsbeziehung und die Voraussetzung für die Strafbarkeit bei so genannten **unechten Unterlassungsdelikten.**

Der **Garant** hat die Pflicht (Garantenpflicht), dafür einzustehen, dass ein bestimmter Taterfolg (Verletzung eines Rechtsgutes) nicht eintritt.

Begründet werden kann die Garantenstellung durch folgende Umstände:

- eine Rechtsnorm (Eltern für ihre Kinder)
- eine tatsächliche Pflichtübernahme (Lehrer auf einem Schulausflug für die Schüler)
- eine konkrete Lebensbeziehung (Ehegatten, Hausgemeinschaft)
- einen Vertrag (Bewachungsvertrag)
- ein gefahrbegründendes oder -erhöhendes Verhalten (vorhergehende Straftat)

▶ **Garantenpflicht (§ 13 StGB)** ist die rechtliche oder tatsächliche Verpflichtung, dafür einzustehen, dass ein bestimmter Taterfolg nicht eintritt. Unterlässt der Garant dies, macht er sich strafbar durch Unterlassen.

Ein Garant macht sich also dann strafbar, wenn er aufgrund seiner Verpflichtung dafür hätte sorgen müssen, dass der Erfolg einer Straftat, die von einem Dritten begangen wurde, nicht eintritt, er es aber unterlassen hat, den Taterfolg abzuwenden.

Im Gegensatz zu **echten Unterlassungsdelikten** (siehe z. B. zweiter Tatbestand des Hausfriedensbruchs „er unterlässt, die Örtlichkeit zu verlassen") ist das Nicht-Handeln selbst nicht strafbar, sondern nur im Zusammenhang mit der Garantenpflicht. Man kann vereinfacht sagen, jemand soll und kann sich darauf verlassen, dass der Garant aufgrund seiner Stellung diese Gefahr abwendet.

Sicherheitsunternehmen werden vertraglich verpflichtet, für den Schutz bestimmter Rechtsgüter zu sorgen (Garantenpflicht aus Vertrag), der Auftraggeber verlässt sich darauf, dass die Sicherheitsmitarbeiter genau dies tun und entsprechende Gefahren abwenden.

Unterlässt z. B. ein Sicherheitsmitarbeiter des Werkschutzes den Versuch, einen gerade stattfindenden Einbruchsversuch in ein Werksgebäude zu verhindern, ist dies eine Verletzung der Garantenpflicht (z. B. Beihilfe zum Einbruchdiebstahl).

3.2.2.5 Schuldmerkmale und Schuldfähigkeit

Wie wir gesehen haben, ist eine Voraussetzung der strafbaren Handlung die Schuldhaftigkeit des Tuns.

Schuldhaft handelt, wer vorsätzlich oder fahrlässig eine Tat begeht (subjektiver Tatbestand).

Schuldmerkmale	
Vorsatz	**Fahrlässigkeit**
Wissen und Wollen Billigende Inkaufnahme	Pflichtverletzung

Vorsatz ist die wissentliche und gewollte Herbeiführung des Taterfolges (Wissen und Wollen). Dabei reicht es auch aus, wenn der Täter den Taterfolg als eine mögliche Folge voraussieht und dies in Kauf nimmt (bedingter Vorsatz).

Fahrlässigkeit ist die Herbeiführung des Taterfolges durch eine bewusste oder unbewusste Verletzung von Pflichten. Ein Tatinteresse besteht hier für den Täter nicht, er hätte aber den Taterfolg verhindern können.

Das Strafrecht basiert auf dem Prinzip der Schuld. Nur wer **schuldfähig** ist, kann wegen einer Tat bestraft werden. Wer ohne Schuld handelt, kann wegen der Tat nicht bestraft werden.

Schuldunfähig sind Personen, die:

- das 14. Lebensjahr noch nicht vollendet haben (Kinder) und
- geistesgestörte Personen (krankhafte seelische Störung, Schwachsinn oder tief greifende Bewusstseinsstörung).

Dabei spielt der Zustand der Volltrunkenheit eine besondere Rolle. Ab einem Alkoholgehalt des Blutes von 3,0 Promille gilt eine Person als schuldunfähig (Bewusstseinsstörung). Hier kommt unter Umständen aber eine Verurteilung wegen der vorsätzlichen Herbeiführung des Rauschzustandes in Betracht.

3.2.2.6 Offizial- und Antragsdelikt

Das Strafgesetzbuch unterscheidet bei Straftaten zwei Deliktformen, das Offizialdelikt und das Antragsdelikt.

Offizialdelikte werden bei Bekanntwerden von Amts wegen verfolgt. Das heißt, der Geschädigte muss keinen Strafantrag stellen.

Deliktformen	
Offizialdelikt	**Antragsdelikt**
Von Amts wegen	Auf Antrag oder öffentliches Interesse

Antragsdelikte werden nur auf Antrag des Geschädigten verfolgt. Er muss innerhalb von drei Monaten Strafantrag stellen, kann diesen aber auch zu jedem Zeitpunkt des Verfahrens zurücknehmen.

Liegt ein besonderes **öffentliches Interesse an der Strafverfolgung** vor, kann die Staatsanwaltschaft das Antragsrecht allerdings aufheben und die Tat von Amts wegen verfolgen.

Die Tabelle zeigt eine Übersicht mit Beispielen:

Deliktformen	
Offizialdelikt	**Antragsdelikt**
Unterschlagung	Hausfriedensbruch
Diebstahl	Beleidigung
Gefährliche Körperverletzung	Körperverletzung
Mord	Sachbeschädigung

3.2.2.7 Versuch einer Straftat

Der Versuch einer Straftat ist bei **Verbrechen** stets strafbar, bei **Vergehen** nur, wenn dies ausdrücklich im Gesetz vorgesehen ist (§ 23 StGB).

▶Der **Versuch** einer Straftat liegt vor, wenn der Täter nach seiner Vorstellung von der Tat zur Tatausführung ansetzt – die Begehung der Tat beginnt. Aus Gründen, die nicht in der Macht des Täters liegen, kommt es jedoch nicht zur Vollendung der Tat.

Ein Werkschutzmitarbeiter überrascht einen Einbrecher, als dieser gerade die Brechstange an einer Tür ansetzt (Tat hat begonnen), und entreißt ihm das Tatwerkzeug. Der Täter kann seinen Einbruch nicht fortsetzen (obwohl er dies wollte), es bleibt beim Versuch.

Gibt der Täter freiwillig die weitere Ausführung der Tat auf, oder verhindert deren Vollendung, wird er nicht wegen des Versuchs bestraft (§ 24 StGB Rücktritt). Gibt es mehrere Tatbeteiligte, wird wegen des Versuchs nicht bestraft, wer freiwillig die Vollendung der Tat verhindert, bzw. sich freiwillig und ernsthaft bemüht dies zu tun. Auf den Erfolg kommt es dabei nicht an, entscheidend ist der Wille und das Bemühen des Täters den Taterfolg abzuwenden.

3.2.2.8 Personen- und Sachbegriffe (§ 11 StGB)

Wiederkehrende Begriffe, die für das Strafgesetzbuch gelten, sind im § 11 StGB definiert, wie z. B.:

- Angehöriger
- Amtsträger
- Rechtswidrige Tat
- usw.

3.2.3 Rechtfertigungs- und Entschuldigungsgründe im Strafrecht

Das Strafrecht kennt drei Rechtfertigungsgründe, die eine begangene Tat (Verwirklichung des Tatbestandes) rechtfertigen bzw. entschuldigen.

3.2.3.1 Notwehr, Nothilfe (§ 32 StGB)

Wir kennen die Definition der Notwehr bereits aus dem Abschnitt Privatrecht.

§ 32 StGB

(1) Wer eine Tat begeht, die durch Notwehr geboten ist, handelt nicht rechtswidrig.

(2) Notwehr ist die Verteidigung, die erforderlich ist, um einen gegenwärtigen rechtswidrigen Angriff von sich oder einem anderen abzuwenden.

Eine in Notwehr begangene Tat ist folglich nicht strafbar. Das Notwehrrecht steht jedermann zu und ist damit eines der wesentlichen Werkzeuge von Sicherheitsmitarbeitern.

Im Folgenden werden wir uns die einzelnen Merkmale der Notwehr – gegenwärtiger, rechtswidriger Angriff und erforderliche Verteidigung – genauer ansehen.

Merkmale der Notwehr
Angriff
Rechtswidrigkeit
Gegenwärtigkeit
Verteidigung
Erforderlichkeit

Ein **Angriff** ist jede Bedrohung eines geschützten Rechtsgutes (Leben, Eigentum usw.) durch menschliches Verhalten. Dabei ist unerheblich, ob die Bedrohung gewollt oder ungewollt ist. Notwehrfähig ist dabei jedes Rechtsgut.

Rechtswidrig ist ein Angriff, den der Angegriffene nicht zu dulden hat. Die Vollstreckung eines gültigen Haftbefehls durch Polizeibeamte (sonst Freiheitsberaubung) z. B. muss ein Verdächtiger dulden, hiergegen ist keine Notwehr möglich.

Gegenwärtig ist ein Angriff, der unmittelbar bevorsteht, bereits begonnen hat oder weiter andauert (Angreifer holt zum Schlag aus, Dieb greift zur Handtasche usw.)

Verteidigung ist jede menschliche Handlung, die den Zweck hat (Motiv), den Angriff zu verhindern oder zu beenden. Folglich ist auch jede Notwehrsituation spätestens mit dem Ende des Angriffs beendet.

Erforderlich ist eine Abwehrhandlung, die *geeignet* ist, den Angriff zu verhindern oder zu beenden, und dem Angreifer den geringstmöglichen Schaden **(mildestes Mittel)** zufügt. Dabei müssen das angegriffene Rechtsgut und das durch die Notwehr verletzte Rechtsgut in einem angemessenen Verhältnis zueinander stehen. Nicht verhältnismäßig wäre beispielsweise, eine Beleidigung durch den Schlag mit einer Eisenstange zu beenden. Kann eine bevorstehende Körperverletzung z. B. allein durch das Festhalten des Angreifers wirksam verhindert werden, ist ein Schlag gegen den Angreifer nicht mehr erforderlich (nicht mehr mildestes Mittel) und folglich nicht durch Notwehr gedeckt.

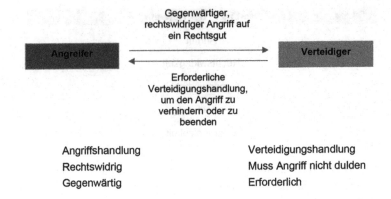

Die **Nothilfe** als besondere Form der Notwehr finden wir etwas versteckt im § 32 StGB Abs. 2: *„Oder einem anderen".*

Notwehr erstreckt sich somit auch auf den Schutz fremder Rechtsgüter, Angegriffener und Verteidiger sind nicht ein und dieselbe Person.

Sie beobachten z. B., wie ein Mann versucht, einer alten Dame die Handtasche zu entreißen, Sie eilen hinzu und verhindern die Tat, indem Sie den Täter festhalten. Die Freiheitsberaubung ist durch § 32 StGB gedeckt.

▶ **Nothilfe** ist die Verteidigung, die erforderlich ist, um einen gegenwärtigen rechtswidrigen Angriff von einem anderen abzuwenden.

Für die Nothilfe gelten die Ausführungen zu den Begrifflichkeiten, insbesondere auch die Gegenwärtigkeit des Angriffs und die Verhältnismäßigkeit der Abwehr usw., analog zur Notwehr.

3.2.3.2 Überschreitung der Notwehr (§ 33 StGB)

Wir haben gesehen, dass Notwehr ihre Grenzen zum einen in der Erforderlichkeit hat und zum anderen dort aufhört, zu greifen, wo der Angriff nicht mehr gegenwärtig ist.

§ 33 StGB

Überschreitet der Täter die Grenzen der Notwehr aus Verwirrung, Furcht oder Schrecken, so wird er nicht bestraft.

Werden diese Grenzen der Notwehr (aus einer ursprünglichen Notwehr heraus) überschritten, spricht man von **Notwehrüberschreitung**. Handelt der Verteidiger aus **Furcht, Verwirrung** oder **Schrecken,** ist dies zwar rechtswidrig, aber er handelt nicht schuldhaft. §§ 33 StGB ist folglich ein **Entschuldigungsgrund.** Nach einem Messerangriff schlagen Sie aus Furcht vor einem weiteren Angriff weiter auf den körperlich überlegenen Angreifer ein, obwohl dieser bereits wehrlos am Boden liegt.

3.2.3.3 Putativnotwehr

Während eines Geldtransportes kommt ein Mann mit schnellen Schritten auf Sie zu und fasst mit seiner Hand an der Jacke vorbei an seinen Hosenbund. Sie ziehen Ihre Dienstwaffe und stoppen den Mann mit auf ihn gerichteter Mündung. Im Nachhinein stellt sich heraus, der Mann wollte nur seine Geldbörse zücken.

In der **Annahme,** ein Angriff (Raub) würde unmittelbar bevorstehen, haben Sie den Mann bedroht und damit eine Straftat begangen (Bedrohung mit einer Schusswaffe), da Sie diese Situation aus dem Training kannten.

Der Umstand, dass tatsächlich kein Angriff bevorstand, war Ihnen nicht bekannt. Dies nennt das Gesetz den **Irrtum über Tatumstände** (§ 16 StGB).

Aus der Motivlage (Absicht in Notwehr zu handeln) heraus fehlt es am Merkmal des Vorsatzes, Sie wollten den Taterfolg nicht herbeiführen und wussten nicht um die Rechtswidrigkeit.

Vorsätzliche Straftaten in dieser Konstellation bleiben somit straffrei, eine Verurteilung wegen einer fahrlässig begangenen Straftat kommt aber weiter infrage (z. B. Fahrlässige Körperverletzung, wenn Sie statt nur zu drohen einen Schuss abgegeben hätten).

▶ **Putativnotwehr** Der Täter nimmt irrtümlich an, dass alle notwendigen Voraussetzungen (gegenwärtiger, rechtswidriger Angriff, erforderliche Verteidigung) für Notwehr vorliegen (Notwehrlage).

3.2.3.4 Rechtfertigender Notstand (§ 34 StGB)

Eine in einer Notstandslage begangene tatbestandsmäßige Handlung (Straftat) ist nicht rechtswidrig und bleibt damit straffrei. Wie der Name sagt, handelt es sich um einen Rechtsfertigungsgrund.

Ein **Notstand** ist dabei eine gegenwärtige (siehe auch Notwehr) Gefahr für Leib, Freiheit, Ehre, Eigentum oder ein anderes Rechtsgut.

Die Tat muss in dieser Situation die **einzige Möglichkeit zur Abwendung** der Gefahr darstellen und **angemessen** sein.

Das zu schützende Rechtsgut muss **höherwertiger** sein als das zu verletzende Rechtsgut, bzw. dessen Beeinträchtigung.

Der wesentliche Unterschied zur Notwehr besteht darin, dass nicht ein Angriff besteht, sondern nur eine Gefahr droht, d. h., der **Eintritt oder** die **Intensivierung eines Schadens** ist wahrscheinlich.

▶ **Notstandslage (rechtfertigend)** ist eine Situation, in der eine gegenwärtige Gefahr für ein Rechtsgut besteht, d. h., der Eintritt oder die Intensivierung eines Schadens für das Rechtsgut ist wahrscheinlich.

Auf der nächtlichen Revierfahrt kommen Sie über eine Brücke und entdecken einen angetrunkenen Mann, der auf der Brüstung steht. Offensichtlich beabsichtigt dieser, einen Selbstmord zu begehen (Gefahr für Leib und Leben). Sie halten an, steigen aus und hindern den Mann am Springen, indem Sie ihn festhalten, bis die Polizei eintrifft (Freiheitsberaubung).

Rechtfertigender Notstand § 34 StGB
Notstandslage Gefahr für ein Rechtsgut
Motiv Die Tat erfolgt zur Abwendung der Gefahr.
Interessenabwägung Gefährdetes Rechtsgut höherwertiger als beeinträchtigtes, bzw. angerichteter Schaden < drohender Schaden
Erforderlichkeit Die Tat ist erforderlich, d. h. sie ist auch tatsächlich geeignet, um die Gefahr zu beseitigen und es gibt keine Mittel, die milder sind (weniger beeinträchtigen).

Nach den Umständen der Situation konnten Sie annehmen, dass der Mann springen würde und sich beim Sprung mindestens schwere Verletzungen zugezogen hätte (schwere Beeinträchtigung von Leib und Leben), der Schaden wäre wahrscheinlich eingetreten. Demgegenüber ist die Beeinträchtigung der Freiheit durch das Festhalten geringer einzuschätzen.

Zudem sind Leib und Leben höherwertigere Rechtsgüter als die Freiheit. Auch stand Ihnen in dieser Situation kein anderes (milderes Mittel) zur Verfügung, um die Gefahr durch das Springen abzuwenden. Ihr Handeln erfüllte den Tatbestand der Freiheitsberaubung, war aber im Rahmen des Notstands nicht rechtswidrig.

3.2.3.5 Entschuldigender Notstand (§ 35 StGB)

Gegenüber dem rechtfertigenden Notstand bestehen beim entschuldigenden Notstand zwei wesentliche Einschränkungen.

► **Notstandslage (entschuldigend)** ist eine Situation, in der eine gegenwärtige Gefahr für Leben, Körper oder Freiheit für einen selbst, einen Angehörigen oder eine nahestehende Person besteht.

Zum einen kommen als gefährdete Rechtsgüter nur Leben, Körper und Freiheit in Betracht. Zum anderen darf die Gefahr nur für die eigene Person, einen Angehörigen oder eine nahestehende Person bestehen.

Die Gefahr muss dabei schwerwiegend sein. Ist eine nur leichte Beeinträchtigung (leichte Verletzung, kurzfristige Einschränkung der Freiheit) wahrscheinlich, kann sich der Täter nicht auf § 35 StGB berufen.

Ausgeschlossen ist die Straffreiheit auch, wenn der Täter die Notstandslage selbst herbeigeführt hat oder der Täter in einem besonderen Rechtsverhältnis steht (siehe Garantenstellung).

Auf einer untergehenden Fähre schlägt ein Mann einen anderen Passagier nieder, um den letzten Platz im Rettungsboot einnehmen zu können. Der Niedergeschlagene ertrinkt kurz darauf. Der Täter handelte in einer entschuldigenden Notstandslage (ohne Schuld) und bleibt straffrei.

Entschuldigender Notstand § 35 StGB
Notstandslage Gefahr für Leben, Körper oder Freiheit für einen selbst, einen Angehörigen oder eine nahe stehende Person
Motiv Die Tat erfolgt zur Abwendung der Gefahr.
Keine Interessenabwägung
Erforderlichkeit Die Gefahr ist nicht anders abwendbar.
Täterstellung Täter hat die Notstandslage nicht selbst herbeigeführt und steht in keinem besonderen Rechtsverhältnis.

3.2.4   Strafgesetzbuch – Besonderer Teil

Nach den Grundsätzen des allgemeinen Teils finden wir im besonderen Teil des StGB die einzelnen Straftatbestände.

An dieser Stelle sei noch einmal daran erinnert, dass alle Regelungen des Allgemeinen Teils für den Besonderen Teil ihre jeweilige Gültigkeit haben (Täterschaft, Schuld usw.) und bei der Prüfung entsprechend zu berücksichtigen sind. Im Folgenden werden wir uns ausgewählte prüfungsrelevante Tatbestände näher anschauen.

3.2.4.1   Straftaten gegen die öffentliche Ordnung

3.2.4.1.1 Hausfriedensbruch (§ 123 StGB)

Der Hausfriedensbruch ist eine Straftat gegen das Hausrecht, welches sich aus den Art. 13 und 14 GG und aus den §§ 903 und 854 BGB ableitet.

§ 123 StGB (Auszug)

(1) Wer in die Wohnung, in die Geschäftsräume oder in das befriedete Besitztum eines anderen (…) widerrechtlich eindringt oder wer, wenn er ohne Befugnis darin verweilt, auf die Aufforderung des Berechtigten sich nicht entfernt, wird mit Freiheitsstrafe bis zu einem Jahr oder mit Geldstrafe bestraft.
(2) Die Tat wird nur auf Antrag verfolgt.

Es ist eines der Rechtsgüter, mit dessen Schutz Sicherheitsdienste am häufigsten beauftragt werden.

► **Hausrecht** ist das Recht, frei zu entscheiden, wem der Zutritt zu einer Örtlichkeit gestattet ist. Dies schließt die Befugnis ein, das Zutrittsrecht von bestimmten Bedingungen (z. B. der Zahlung eines Eintrittsgeldes) abhängig zu machen.

Folglich ist der Hausfriedensbruch die Straftat, mit der Sicherheitsmitarbeiter im Dienstalltag am meisten konfrontiert werden.

Tatbestände des Hausfriedensbruchs sind:

- widerrechtliches Eindringen in eine Örtlichkeit oder
- unbefugtes Verweilen in einer Örtlichkeit und diese trotz Aufforderung nicht zu verlassen

▶ **Ausübung des Hausrechts durch Sicherheitsmitarbeiter** Der Sicherheitsmitarbeiter setzt das Hausrecht als Besitzdiener für den Haus-
rechtsinhaber durch, er wird nicht selbst Inhaber des Hausrechts!

Wohnungen sind Räume, die im weitesten Sinne zu Wohnzwecken genutzt
werden (Mietwohnung, stationärer Wohnwagen).

Geschäftsräume sind Räume, die im weitesten Sinne für Geschäftszecke
genutzt werden (Büroräume, Lager).

Befriedetes Besitztum sind Grundstücke, die durchgängig umschlossen sind
und verdeutlichen, dass ein Betreten nur mit der Zustimmung des Berechtigten
gestattet ist (Zaun, Mauer).

Abgeschlossene Räume des öffentlichen Verkehrs sind Anlagen und Räume,
die zur Durchführung des öffentlichen Verkehrs dienen (Bahnhöfe, Busse).

Abgeschlossene Räume des öffentlichen Dienstes sind Anlagen und Räume,
die zur Durchführung öffentlich-rechtlicher Aufgaben bestimmt sind (Justizvollzugsanstalt (JVA), Kaserne).

Beispiel Tatbestandsmäßigkeit Hausfriedensbruch

Hat A sich nach § 123 StGB strafbar gemacht?
(Ist A des Hausfriedensbruchs schuldig?)

* **Tatbestand**
  Wer widerrechtlich in das befriedete Besitztum eines anderen eindringt,
  wird mit bis zu einem Jahr Freiheitsstrafe oder mit Geldstrafe bestraft.
* **Handlung**
  A klettert nachts über den Zaun eines Betriebsgeländes der Stadtreinigung,
  um dort gewerblichen Müll abzuladen, dessen Annahme am Tag verweigert
  wurde.
* **Schlussfolgerung**
  A hat den Tatbestand des Hausfriedensbruchs verwirklicht. Er handelte vor-
  sätzlich und es sind keine Rechtfertigungsgründe erkennbar. A hat sich
  nach § 123 StGB strafbar gemacht.
* **Widerrechtliches Eindringen:** Über den Zaun klettern ohne Erlaubnis
* **Befriedetes Besitztum eines anderen:** Das umzäunte Betriebsgelände
* **Rechtswidrigkeit:** Kein Rechtfertigungsgrund
* **Schuld:** Vorsatz; Wille zur Tat und Wissen um die Rechtswidrigkeit
* **Schlussfolgerung:** A hat sich strafbar gemacht, er ist schuldig des
  Hausfriedensbruchs.◀

Widerrechtliches Eindringen bedeutet, gegen den Willen des Hausrechtsinhabers in eine Örtlichkeit einzudringen. Dabei reicht es schon aus, wenn sich nur ein Teil des Körpers in der Örtlichkeit befindet (Vertreter stellt Fuß in die Tür). Beim **unbefugten Verweilen** ist ohne Bedeutung, ob der Betreffende zum Zeitpunkt des Betretens befugt war. Entscheidend ist, dass er zum Zeitpunkt der Aufforderung diese Berechtigung verloren hat (ein betrunkener Gast, der sich zunächst berechtigt im Lokal aufhält, nach einer Schlägerei aber Hausverbot erhält und aufgefordert wird, zu gehen, sich aber weigert, dieser Aufforderung nachzukommen).

3.2.4.1.2 Störung des öffentlichen Friedens durch Androhung von Straftaten (§ 126 StGB)

Von Bedeutung ist § 126 StGB für Sicherheitskräfte, weil hier insbesondere auch Bombendrohungen unter Strafe gestellt sind. Die Vorschrift schützt den öffentlichen Frieden und wird als Offizialdelikt von Amts wegen verfolgt. Tathandlungen sind:

- Vorsätzliche Androhung schwerer Straftaten (z. B. Tötungsdelikte, schwere Körperverletzung)
- In einer Weise, die geeignet ist den öffentlichen Frieden zu stören

Die Androhung kann dabei mündlich, fernmündlich, schriftlich oder in anderer Weise erfolgen, soweit sie an die Öffentlichkeit dringt.

3.2.4.1.3 Amtsanmaßung (§ 132 StGB)

Die Amtsanmaßung ist ein Offizialdelikt, das immer von Amts wegen verfolgt wird. Die Strafbarkeit dieser Handlungen soll die öffentliche Sicherheit und Ordnung schützen. Der Bürger soll darauf vertrauen können, dass Eingriffe in seine Rechte (Festnahme, Beschlagnahme usw.) nur von befugten Personen vorgenommen werden.

§ 132 StGB

Wer sich unbefugt mit der Ausübung eines öffentlichen Amtes befasst oder eine Handlung vornimmt, welche nur kraft eines öffentlichen Amtes vorgenommen werden darf, wird mit Freiheitsstrafe bis zu zwei Jahren oder mit Geldstrafe bestraft.

Daraus ergeben sich zwei unterschiedliche **Tatbestände** der Amtsanmaßung:

- Der Täter gibt sich als Inhaber eines Amtes aus und handelt entsprechend.
  Der Mitarbeiter einer Detektei gibt sich bei der Befragung auf einer Baustelle als Polizeibeamter aus, stellt die Personalien aller Anwesenden fest und führt Vernehmungen durch, um herauszufinden, ob der gesuchte Mitarbeiter des Auftraggebers dort während seiner Krankschreibung arbeitet.
- Der Täter nimmt eine Handlung vor, die nur von Amtsinhabern vorgenommen werden darf.
  Ein Mitarbeiter des Werkschutzes entdeckt bei der stichprobenartigen Überprüfung von Werksangehörigen beim Verlassen des Werkes nach Schichtende eine Tüte Cannabis bei einem Auszubildenden und beschlagnahmt diese.

Der Fokus liegt folglich jeweils auf der **vorgenommenen Handlung.** Beim ersten Tatbestand ist es nicht ausreichend, dass der Täter sich als Amtsperson (z. B. Polizist) ausgibt, nur im Zusammenhang mit einer entsprechenden Handlung wird das Verhalten strafbar.

3.2.4.1.4 Missbrauch von Titeln, Berufsbezeichnungen und Abzeichen (§ 132a StGB)

Auch dieser Tatbestand ist ein Vergehen, das von Amts wegen verfolgt wird, um die öffentliche Sicherheit und Ordnung zu schützen.

Zu unterscheiden sind dabei vier **Tatbestände;** wer unbefugt:

- in- und ausländische Amts- oder Dienstbezeichnungen, akademische Grade, Titel oder öffentliche Würden (oder diesen zum Verwechseln ähnliche) führt,
- die Berufsbezeichnungen Arzt, Zahnarzt, Psychologe, Rechtsanwalt, Steuerberater usw. (oder diesen zum Verwechseln ähnliche) führt,
- die Bezeichnung öffentlich bestellter Sachverständiger führt,
- in- oder ausländische Uniformen, Amtskleidungen oder Amtsabzeichen (oder diesen zum Verwechseln ähnliche) trägt.

Beispiele für § 132a StGB
Prof., Dr., Pfarrer, Inspektor usw.

Uniformen und Dienstgradabzeichen von Polizei und Armee

3.2.4.1.5 Nichtanzeige geplanter Straftaten (§ 138 StGB)

Auch hier handelt es sich wieder um ein Offizialdelikt, das dem Schutz der öffentlichen Sicherheit und Ordnung dient.

Wer rechtzeitig vor der Begehung einer Straftat der Aufzählung des § 138 StGB von deren Vorhaben oder der Ausführung Kenntnis erlangt und dies nicht dem potenziellen Opfer oder der Polizei anzeigt, macht sich strafbar.

Tatbestand ist also die Nichtanzeige einer Straftat vor ihrer Begehung, trotz deren rechtzeitiger Kenntnis.

Die folgende Übersicht zeigt einige der Straftaten, die dies betrifft:

Straftaten nach § 138 StGB (Auszug)
Mord/Totschlag
Straftaten gegen die persönliche Freiheit
Raub/Räuberische Erpressung

Sie sind Sicherheitsmitarbeiter beim Werkschutz und werden nach Feierabend in Ihrer Kneipe von zwei Unbekannten angesprochen. Diese planen einen Raub im Werk und wollen von Ihnen die Zugangscodes haben. Natürlich geben Sie die Codes nicht heraus, unterlassen es aber auch, den geplanten Raub bei der Polizei anzuzeigen.

3.2.4.1.6 Missbrauch von Notrufen und Beeinträchtigung von Unfallverhütungs- und Nothilfemitteln (§ 145 StGB)

Zweck dieser Vorschrift ist vornehmlich der Schutz von Leib und Leben durch den Schutz der Einrichtungen, die Menschenleben retten sollen, und daher wird sie von Amts wegen verfolgt.

Geschützte Einrichtungen nach § 145 StGB
Notrufe
Warn- und Verbotszeichen
Schutz- und Rettungseinrichtungen

§ 145 StGB kennt vier unterschiedliche **Tatbestände,** die unter Strafe gestellt sind:

- den **Missbrauch** von Notrufen (Spaßanruf bei der 110)
- das **Vortäuschen,** dass Hilfe erforderlich sei (Anruf bei der Feuerwehr, obwohl es nicht brennt)
- das **Entfernen, Unkenntlichmachen und Entstellen** von Warn- und Verbotszeichen (Abschrauben, Beschmieren usw.)
- das **Unbrauchbarmachen oder Entfernen** von Schutz- und Rettungseinrichtungen (Brandmelder, Rettungsringe usw.)

3.2.4.2 Straftaten als Zeuge

3.2.4.2.1 Falsche uneidliche Aussage (§ 153 StGB)

Werden Straftaten im Zuständigkeitsbereich eines Sicherheitsmitarbeiters verübt, wird dieser häufig auch vor Gericht als Zeuge vernommen. Hier ist es notwendig, die entsprechenden Pflichten zu kennen. Zum Schutz der Rechtspflege sind falsche Aussagen vor Gericht unter Strafe gestellt.

§ 153 StGB

Wer vor einem Gericht oder vor einer anderen zur eidlichen Vernehmung von Zeugen oder Sachverständigen zuständigen Stelle als Zeuge oder Sachverständiger uneidlich falsch aussagt, wird mit Freiheitsstrafe von drei Monaten bis zu fünf Jahren bestraft.

Der **Tatbestand** des § 153 StGB betrifft also Aussagen, die von nicht vereidigten Zeugen oder Sachverständigen vor Gericht – nicht z. B. bei der Polizei – gemacht wurden. Angeklagte oder Parteien im Zivilprozess betrifft dies nicht, sie dürfen falsch aussagen.

Strafbar sind dabei nur vorsätzlich gemachte Falschaussagen.

▶ **Falschaussage** ist eine Aussage, die objektiv falsch ist (objektiv nicht den Tatsachen entspricht) oder etwas Wesentliches verschweigt.

3.2.4.2.2 Meineid (§ 154 StGB)

Eine andere Qualität erhält eine Falschaussage dann, wenn sie unter Eid erfolgt. Zeugen und Sachverständige können im Anschluss an ihre Aussage vereidigt werden, leisten sie einen falschen Schwur, ist dies ein Verbrechen, das mit einer Mindestfreiheitsstrafe von einem Jahr bedroht ist.

Ansonsten entsprechen die **Tatbestandsmerkmale** denen des § 153 StGB (Vorsatz, Falschaussage usw.).

3.2.4.2.3 Falsche Verdächtigung (§ 164 StGB)

Bevor es zu einem Prozess kommt, werden Zeugen in aller Regel zunächst durch Polizei oder Staatsanwaltschaft vernommen. Hier greifen die §§ 153 und 154 StGB nicht.

Dennoch sind auch hier bestimmte Falschaussagen unter Strafe gestellt. Zum einen sollen Unschuldige vor unnötiger Strafverfolgung und zum anderen soll die Rechtspflege selbst vor Missbrauch geschützt werden.

Die **Tatbestandsmerkmale** des § 164 StGB sind:

- die Äußerung eines unwahren Verdachts oder die Behauptung unwahrer Tatsachen über eine bestimmte Person
- vor einer Behörde oder Stelle, die für die Entgegennahme von Anzeigen zuständig ist (z. B. Polizei)
- wider besseren Wissens (vorsätzlich)
- mit dem Ziel, ein behördliches Verfahren oder eine behördliche Maßnahme gegen diese Person herbeizuführen oder fortdauern zu lassen (Strafverfahren, Haftbefehl usw.)

3.2.4.3 Beleidigung

Die Beleidigung (§ 185 StGB) ist ein Antragsdelikt, das dem Schutz der Ehre und dem Ehrgefühl einer Person dient.

Ehre meint dabei das Ansehen nach außen und Ehrgefühl das innere Wertgefühl.

▶ **Beleidigung** ist die ehrverletzende Kundgabe der Missachtung oder der Nichtachtung gegenüber einer Person oder gegenüber einem Dritten.

Das Gesetz führt dabei nicht näher aus, was unter dem Begriff der Beleidigung zu verstehen ist, so hat die Rechtsprechung eine entsprechende Definition entwickelt.

Es sind folglich alle Äußerungen gemeint, die dazu geeignet sind, die Ehre einer Person zu verletzen, reine Unhöflichkeit reicht nicht aus.

Zum **Tatbestand** der Beleidigung gehört weiterhin, dass die Kundgabe mündlich, schriftlich, bildlich oder durch schlüssiges Verhalten (Gestik, Mimik) erfolgen kann. Strafbar sind folglich nicht nur verbale Äußerungen (z. B. der Mittelfinger usw.).

3.2.4.4 Straftaten gegen den persönlichen Lebens- und Geheimbereich

In den §§ 201 bis 206 StGB stellt der Gesetzgeber Straftaten gegen den durch das Grundgesetz geschützten Persönlichkeitsbereich des Menschen unter Strafe. Hier soll verhindert werden, das unbefugte Dritte (Täter) **Informationen erlangen, verwenden und verbreiten** können, ohne den Betroffenen hiervon in Kenntnis zu setzen bzw. ohne seine Einwilligung. Untersagt ist dies für:

- Das nichtöffentlich gesprochene Wort (§ 201 StGB)
- Bildaufnahmen in geschützten Bereichen (§ 201a StGB)
- Briefe (§ 202 StGB)
- Daten (§§ 202a bis 202c StGB)
- Privatgeheimnisse (§§ 203 und 204 StGB)

Die Erlangung und Verwendung solcher Informationen ist nur staatlichen Organen und nur mit richterlichem Beschluss gestattet.
Strafbar ist:

- die Herstellung, Verwendung oder Verbreitung von Bild- und Tonaufnahmen,
- die Verletzung des Brief-, Post- und Fernmeldegeheimnisses,
- die Ausspähung von Daten und
- die Verletzung von Privatgeheimnissen.

3.2.4.5 Straftaten gegen die körperliche Unversehrtheit
3.2.4.5.1 Körperverletzung (§ 223 StGB)
Die „einfache" Körperverletzung ist ein Vergehen, das auf Antrag verfolgt wird. Der Versuch ist hier ebenfalls strafbar.

§ 223 StGB

(1) Wer eine andere Person körperlich misshandelt oder an der Gesundheit schädigt, wird mit Freiheitsstrafe bis zu fünf Jahren oder mit Geldstrafe bestraft.
(2) Der Versuch ist strafbar.

Tatbestandsmerkmale des § 223 StGB sind folglich:

- Wenn eine Person (Täter) eine andere Person (Opfer)
- körperlich misshandelt oder
- an der Gesundheit schädigt

Die Handlung (auch hier wieder Tun oder Unterlassen) einer Person führt ursächlich zu einer der möglichen **Taterfolge** körperliche Misshandlung oder Gesundheitsschädigung (Faustschlag, Fesselung, Tritt usw.).

Körperliche Misshandlung	ist jede unangemessene Behandlung, die das körperliche Wohlbefinden des Opfers nicht nur unerheblich beeinträchtigt (Schmerzen, Übelkeit, Verletzungen usw.)
Gesundheitsschädigung	ist die Herbeiführung oder Verschlimmerung eines krankhaften Zustandes (physisch oder psychisch)

3.2.4.5.2 Gefährliche Körperverletzung (§ 224 StGB)

Die gefährliche Körperverletzung ist im Gegensatz zur „einfachen" Körperverletzung ein Offizialdelikt, das von Amts wegen verfolgt wird, auch hier ist der Versuch strafbar.

Die **Tatbestandsmerkmale** sind identisch mit denen des § 223 StGB, bestraft wird hier zusätzlich aber die **Qualität der Tatbegehung.** Die Begehung mit Hilfe eines gefährlichen Gegenstandes oder in besonders gefährlicher Weise wird mit bis zu zehn Jahren Freiheitsstrafe bestraft. Dies betrifft die Begehung

- mittels Gift oder anderer gesundheitsschädlicher Stoffe
- mittels Waffen oder anderer gefährlicher Werkzeuge
- mittels eines hinterlistigen Überfalls
- mit einem anderen Beteiligten gemeinschaftlich
- mittels einer das Leben gefährdenden Behandlung

Entscheidend ist für das Gesetz nicht die tatsächliche Folge der Körperverletzung, sondern einzig das mögliche Gefährdungspotenzial, das von der Handlung ausgeht.

3.2.4.5.3 Schwere Körperverletzung (§ 226 StGB)

Auch hier handelt es sich um ein Offizialdelikt, das als Verbrechen von Amts wegen verfolgt wird.

Wie bei der gefährlichen Körperverletzung handelt es sich um eine besondere Qualität der Körperverletzung in der **Tatbegehung**. Entscheidend ist hier die Folge der Tat.

Hat die Körperverletzung eine **dauerhafte gesundheitliche oder körperliche Beeinträchtigung** zur Folge, ist die Strafe mindestens ein Jahr Freiheitsstrafe, z. B. bei:

- Beeinträchtigung oder Verlust des Seh- oder Sprechvermögens
- Verlust eines wichtigen Körpergliedes
- Lähmung oder Entstellung

Ansonsten entsprechen die **Tatbestandsmerkmale** dem § 223 StGB.

3.2.4.5.4 Fahrlässige Körperverletzung (§ 229 StGB)

Entscheidendes Tatbestandsmerkmal ist hier, wie der Name sagt, das Schuldmerkmal der Fahrlässigkeit. Die sonstigen **Tatbestandsmerkmale** sind die des § 223 StGB.

§ 229 StGB

Wer durch Fahrlässigkeit die Körperverletzung einer anderen Person verursacht, wird mit Freiheitsstrafe bis zu drei Jahren oder mit Geldstrafe bestraft.

3.2.4.6 Straftaten gegen die persönliche Freiheit

3.2.4.6.1 Nachstellung (§ 238 StGB)

Die gemeinhin als Stalking bekannte Straftat der **unbefugten Nachstellung** wird je nach Folge und Schwere der Tat von Amts wegen oder nur auf Antrag verfolgt. **Tatbegehungsweisen** sind z. B.:

- das Aufsuchen der räumlichen Nähe zum Opfer
- Kontaktaufnahme
- Missbrauch von persönlichen Daten zur Bestellung von Waren
- Bedrohung von Leben, Freiheit usw. des Opfers oder seiner Angehörigen

Unter **Nachstellen** versteht der Gesetzgeber alle Handlungen, die darauf abzielen, in den Lebensbereich des Opfers einzudringen und die geeignet sind, dessen Lebensgestaltung nicht unerheblich zu beeinträchtige.

3.2.4.6.2 Freiheitsberaubung (§ 239 StGB)

Die Freiheitsberaubung ist grundsätzlich ein Vergehen, in besonderen Fällen des § 239 Abs. 3 und 4 StGB ein Verbrechen. Der Versuch ist stets strafbar. Die **Tatbestandsmerkmale** sind:

- einen Menschen
- einsperren oder auf andere Weise der persönlichen Freiheit berauben (Festhalten usw.)

Kommt zu dem eigentlichen Tatbestand eine schwere Folge für Leib oder Leben des Opfers hinzu oder dauert die Freiheitsberaubung länger als eine Woche, wirkt dies strafverschärfend (Verbrechen).

3.2.4.6.3 Erpresserischer Menschenraub (§ 239a StGB)

Ist eine Form der Freiheitsberaubung. Der Täter will die Sorge um das Opfer für eine Erpressung (§ 253 StGB) ausnutzen. Die **Tatbestandsmerkmale** sind:

- einen Menschen entführen oder sich seiner bemächtigten
- um die Sorge um das Opfer für eine Erpressung zu nutzen

Erpresserischer Menschenraub ist ein Verbrechen, das von Amts wegen verfolgt wird. (zur Erinnerung: Verbrechen = Versuch stets strafbar, dies muss nicht ausdrücklich im Gesetz stehen)

3.2.4.6.4 Nötigung (§ 240 StGB)

Die Nötigung ist eine Straftat gegen die persönliche Handlungsfreiheit, nicht gegen die körperliche Freiheit im eigentlichen Sinne.

Das Opfer soll mittels Gewalt oder Drohung dazu gebracht werden, sich in einer bestimmten, vom Täter gewünschten Weise zu verhalten. Der Versuch ist stets strafbar. Die **Tatbestandsmerkmale** sind:

- einen Menschen
- rechtswidrig
- durch Gewalt oder Androhung eines empfindlichen Übels (Nötigungsmittel)
- zu einer Handlung, Duldung oder Unterlassung zwingen (Nötigungserfolg)

Am Merkmal der Rechtswidrigkeit kann es zum einen fehlen, wenn ein **Rechtfertigungsgrund** wie z. B. Notwehr vorliegt.

Ein Sicherheitsmitarbeiter zwingt einen Täter mit vorgehaltener Waffe, einen Angriff zu unterlassen.

Zum anderen kann die Nötigung durch andere Gesetze (z. B. StGB, StPO usw.) gerechtfertigt sein.

Ein Polizeibeamter vollstreckt einen Haftbefehl und zwingt einen Verdächtigen, der Widerstand leistet, mit Gewalt zur Duldung der Maßnahme.

Trotzdem in beiden Fällen die übrigen Tatbestandsmerkmale erfüllt sind, ist die Tat gerechtfertigt und damit nicht rechtswidrig.

3.2.4.6.5 Bedrohung (§ 241 StGB)

Ist die Drohung mit einem Verbrechen gegen das Opfer oder eine ihm nahestehende Person.

Unter Strafe steht dabei die Drohung mit der Begehung des Verbrechens selbst oder die Vortäuschung, dass ein solches Verbrechen bevorsteht. **Tatbestandsmerkmale** sind:

* einem Menschen
* mit einem Verbrechen gegen sich oder eine nahestehende Person drohen
* vortäuschen, dass eine solche Tat bevorsteht

3.2.4.7 Diebstahl und Unterschlagung
3.2.4.7.1 Diebstahl (§ 242 StGB)

Das erste der Eigentumsdelikte im Strafrecht ist der „einfache" Diebstahl. Es handelt sich um ein Vergehen, dessen Versuch bereits strafbar ist. Das geschützte Rechtsgut hier ist folglich das Eigentum und im weiteren Sinne der Gewahrsam des Eigentums. Die **Tatbestandsmerkmale** sind:

* einer Person
* eine fremde, bewegliche Sache
* wegnehmen
* in der Absicht, diese Sache sich oder einem Dritten rechtswidrig zuzueignen

Fremd	nicht im Alleineigentum des Täters
Beweglich	die Sache kann tatsächlich bewegt oder (z. B. durch ab- oder ausbauen) beweglich gemacht werden
Sachen, Tiere	i. S. d. §§ 90 und 90a BGB
Wegnahme	Bruch alten und Begründung neuen Gewahrsams
Zueignungsabsicht	die Absicht die Sache für sich oder einen anderen dauerhaft in sein Vermögen einzugliedern

Gewahrsam meint, dass nicht nur dem Eigentümer selbst, sondern auch dem berechtigten Besitzer die Sache weggenommen werden kann, um den Tatbestand zu verwirklichen. Wird z. B. einem Sicherheitsmitarbeiter seine Dienstkleidung gestohlen, ist dies, wenn die übrigen Tatbestandsmerkmale erfüllt sind, ein Diebstahl, obwohl der Mitarbeiter nur Besitzdiener der Kleidung und nicht deren Eigentümer war.

3.2.4.7.2 Besonders schwerer Fall des Diebstahls (§ 243 StGB)

Ähnlich wie bei den besonderen Formen der Körperverletzung handelt es sich hier um eine strafverschärfende Vorschrift bei bestimmten Begehungsweisen des Diebstahls.

Die **Tatbestandsmerkmale** sind zunächst identisch mit denen des „einfachen" Diebstahls. Zusätzlich werden folgende Fälle vorausgesetzt:

- Einbrechen
- Einsteigen
- mit falschen Schlüsseln
- mit Werkzeugen
- sich in einem Raum verborgen halten oder
- Ausnutzung der Hilflosigkeit einer Person nach Unglück
- gewerbsmäßiger Diebstahl (berufsmäßig)
- Diebstahl von Waffen, Sprengmitteln, religiösen Gegenständen aus Kirchen oder Gegenständen aus Museen

3.2.4.7.3 Diebstahl mit Waffen, Bandendiebstahl, Wohnungseinbruchsdiebstahl (§ 244 StGB)

Auch hier werden wieder bestimmte Begehungsweisen des Diebstahls unter Strafe gestellt:

- mit Waffen oder anderen gefährlichen Gegenständen
- mit sonstigen Mitteln, die zum Überwinden von Widerständen bestimmt sind
- als Mitglied einer Bande gemeinschaftlich oder
- Diebstahl aus Wohnungen

3.2.4.7.4 Unterschlagung (§ 246 StGB)

Im Unterschied zum Diebstahl hat der Täter hier die Sache bereits vor Tatausführung in seinem Besitz oder Gewahrsam. Eine Wegnahmehandlung ist nicht erforderlich.

Strafbar ist hier die **Tathandlung** der Zueignung der fremden beweglichen Sache:

- eine fremde bewegliche Sache
- aus dem Besitz oder Gewahrsam des Täters
- sich oder einem Dritten zueignen

3.2.4.7.5 Diebstahl und Unterschlagung geringwertiger Sachen (§ 248a StGB)

Betreffen der Diebstahl (§ 242 StGB) oder die Unterschlagung (§ 246 StGB) eine geringwertige Sache, werden die Taten nur auf Antrag bzw. bei besonderem öffentlichen Interesse verfolgt.

3.2.4.8 Raub und Erpressung

3.2.4.8.1 Raub (§ 249 StGB)

Die Tatbestandsmerkmale des Raubes entsprechen denen des Diebstahls. Die Art und Weise der Tatbegehung qualifiziert die Tat in ein Verbrechen um.

Die **Wegnahmehandlung** erfolgt beim Raub mit Gewalt oder mit der Drohung für eine gegenwärtige Gefahr für Leib oder Leben des Opfers:

- einer Person
- eine fremde, bewegliche Sache
- mit Gewalt oder Drohung gegen Leib oder Leben wegnehmen
- in der Absicht, diese Sache sich oder einem Dritten rechtswidrig zuzueignen

3.2.4.8.2 Räuberischer Diebstahl (§ 252 StGB)

Der räuberische Diebstahl qualifiziert einen Diebstahl nach Tatbegehung in einen Raub um, wenn der auf frischer Tat betroffene Täter mit Gewalt oder mit der Drohung für Leib oder Leben (Merkmale des Raubes) versucht, den Besitz der Beute zu erhalten.

Als **Tatbestandsmerkmale** haben wir hier zunächst also die des Diebstahls und zusätzlich die des Raubes.

3.2.4.8.3 Erpressung (§ 253 StGB)

Die Erpressung ist mit ihren Tatbestandsmerkmalen eine Sonderform der Nötigung. Unterschied hier ist die Bereicherungsabsicht des Täters.

Die **Tatbestandsmerkmale** sind:

- einen Menschen
- rechtswidrig
- durch Gewalt oder Androhung eines empfindlichen Übels
- zu einer Handlung, Duldung oder Unterlassung zwingen
- und dadurch dem Vermögen des Opfers oder dem Vermögen eines anderen einen Nachteil zufügen
- um sich oder einen Dritten zu bereichern

Bereicherungsabsicht meint dabei jede Verschaffung eines Vermögensvorteils, neben der eigentlichen Vermögensmehrung, also z. B. auch einen Schuldenerlass.

3.2.4.8.4 Räuberische Erpressung (§ 255 StGB)

Die räuberische Erpressung qualifiziert die Tatbegehung einer Erpressung zum Raub um. Wird die Erpressung unter Anwendung von Drohungen mit einer gegenwärtigen Gefahr für Leib oder Leben begangen, so ist Erpressung als Raub zu behandeln und zu bestrafen.

3.2.4.9 Begünstigung und Hehlerei

3.2.4.9.1 Begünstigung (§ 257 StGB)

Während die Beihilfe (§ 27 StGB) eine Form der Tatbeteiligung vor und während der Tat darstellt, ist die Begünstigung ein eigener Straftatbestand, der sich auf das Verhalten nach der Tat bezieht.

Tatbestand ist die Hilfeleistung (Rat und Tat) für einen Täter, um dessen Taterfolg (z. B. die Beute eines Diebstahls) zu sichern.

3.2.4.9.2 Strafvereitelung (§ 258 StGB)

Auch die Strafvereitelung betrifft wie die Begünstigung die Hilfeleistung für einen Täter nach der Tatbegehung.

Hier hat die Hilfeleistung jedoch nicht die Sicherung des Taterfolges, sondern die Verhinderung der Strafverfolgung des Täters zum Ziel.

Tatbestandsmerkmale sind:

- absichtliche oder wissentliche (Vorsatz)
- durch Tun oder Unterlassen
- Vereitelung der Bestrafung des Täters
- wegen einer rechtswidrig und schuldhaft begangenen Handlung
- Täter ist kein Angehöriger und
- Strafvereitelung nicht zu eigenen Gunsten

Die Strafvereitelung zu eigenen Gunsten oder zu Gunsten eines Angehörigen ist nicht strafbar.

3.2.4.9.3 Hehlerei (§ 259 StGB)

Auch der Hehler hilft dem Täter, indem er seine Beute (fremde Sachen) hilft, zu Geld zu machen. Tut er dies in der Absicht, sich oder einen Dritten zu bereichern, macht er sich der Hehlerei strafbar.

Die **Tatbestandsmerkmale** sind:

- eine Sache, die durch eine rechtswidrige Tat erlangt wurde
- ankaufen oder sich oder einem Dritten auf andere Weise verschaffen oder
- verkaufen oder Hilfe zum Verkauf leisten
- um sich oder einen Dritten zu bereichern

Auch hier finden wir wieder die Bereicherungsabsicht als Verschaffung eines Vermögensvorteils.

3.2.4.10   Betrug und Untreue

3.2.4.10.1 Betrug (§ 263 StGB)

Ziel des Täters ist die Verschaffung eines Vermögensvorteils für sich oder einen Dritten (Bereicherungsabsicht) durch die Schädigung des Vermögens eines anderen. Der Versuch ist strafbar.

Die **Tatbestandsmerkmale** sind:

- Schädigung des Vermögens eines anderen (Vermögensschaden)
- in der Absicht, sich oder einen Dritten zu bereichern (Vermögensvorteil)
- durch Irrtumserregung (Vorspiegelung falscher Tatsachen oder Entstellung oder Unterdrückung wahrer Tatsachen)

3.2.4.10.2 Computerbetrug (§ 263a StGB)

§ 263a StGB stellt eine besondere **Tatbegehungsweise** des Betruges unter Strafe (drittes Tatbestandsmerkmal des Betruges oben). Wird der Vermögensvorteil durch:

- unbefugte Eingriffe in Programme, Daten oder sonstige Abläufe der Datenverarbeitung oder
- unbefugte Verwendung von Daten oder
- Verwendung falscher oder unvollständiger Daten

herbeigeführt, ist der **Tatbestand** des Computerbetruges erfüllt.

3.2.4.10.3 Erschleichen von Leistungen (§ 265a StGB)

Auch hier steht die Bereicherungsabsicht des Täters im Mittelpunkt. Der Vermögensvorteil liegt hier in der Inanspruchnahme einer Leistung, die nur gegen Entgelt gewährt wird. Der Täter handelt in der Absicht, dieses Entgelt nicht zu entrichten. Der Versuch ist strafbar. Die **Tatbestandsmerkmale** sind die Inanspruchnahme einer Leistung:

- eines Automaten oder
- eines öffentlichen Telekommunikationsnetzes oder
- eines Verkehrsmittels (Schwarzfahren) oder
- durch den Zutritt zu einer Veranstaltung oder Einrichtung

in der Absicht, das Entgelt für die Leistung nicht zu entrichten.

3.2.4.10.4 Untreue (§ 266 StGB)

Der Straftatbestand der Untreue soll fremdes Vermögen schützen, über das ein Dritter die Verfügungsmacht hat. Die **Tatbestandsmerkmale** sind:

- ein Nachteil der Vermögensinteressen des Eigentümers
- durch den Missbrauch der Verfügungsmacht über fremdes Vermögen oder
- die Verletzung der Pflicht fremde Vermögensinteressen wahrzunehmen

Voraussetzung ist immer, dass der Täter die Verfügungsmacht über das Vermögen bzw. die Vermögensinteressen eines Dritten zu wahren hat.

3.2.4.11 Urkundenfälschung

Urkunden haben im Rechtsverkehr eine erhebliche Bedeutung. In der Regel dienen sie zum Nachweis eines bestimmten Umstandes (z. B. Urkunde über die bestandene Sachkundeprüfung nach § 34a GewO), auf den jeder vertrauen können muss. Daher stellt das Gesetz die Herstellung und Verwendung falscher Urkunden unter Strafe.

Die **Tatbestandsmerkmale** des § 267 StGB im Einzelnen sind:

* Herstellung einer unechten Urkunde oder
* inhaltliche Veränderung einer echten Urkunde und
* Gebrauch zur Täuschung

Urkunde ist dabei jede verkörperte Gedankenerklärung (Schriftstück, Ausweis, Kfz-Kennzeichen, Vertrag usw.), die im Rechtsverkehr als Beweis bestimmt und geeignet ist und den Aussteller erkennen lässt.

3.2.4.12 Missbrauch von Ausweispapieren (§ 281 StGB)

Ähnlich wie bei der Urkundenfälschung steht hier der Gebrauch (nicht aber die Herstellung) von Ausweispapieren zur Täuschung im Rechtsverkehr unter Strafe und wird als Offizialdelikt von Amts wegen verfolgt. Der Versuch ist strafbar.

* Vorsätzlicher Gebrauch oder
* Überlassung von Ausweispapieren die für einen anderen ausgestellt sind
* zur Täuschung im Rechtsverkehr

Dabei stehen Urkunden und Zeugnisse den Ausweispapieren gleich, soweit sie als Ausweise verwendet werden. Hierzu zählen unter anderem:

* Personalausweise
* Reisepässe
* Führerscheine
* Studentenausweise
* Kraftfahrzeugscheine
* Führungszeugnisse

3.2.4.13 Sachbeschädigung

Neben dem Hausfriedensbruch ist die Sachbeschädigung wohl die zweithäufigste Straftat, mit der Sicherheitsmitarbeiter im Dienst konfrontiert werden. Dies oft z. B. auch in Tateinheit mit anderen Straftaten wie dem Diebstahl. Die **Tatbestandsmerkmale** des § 303 StGB sind:

* die rechtswidrige Beschädigung oder Zerstörung fremder Sachen oder
* die unbefugte Veränderung des Erscheinungsbildes einer fremden Sache, wenn die Veränderung nicht unerheblich und nicht nur vorübergehend ist

Der Versuch der Sachbeschädigung ist strafbar.

3.2.4.14 Gemeingefährliche Straftaten

3.2.4.14.1 Brandstiftung (§ 306 StGB)

Wegen der besonderen Gefährlichkeit des Tatmittels Feuer gehört die Brandstiftung als eine Sonderform der Sachbeschädigung zu den gemeingefährlichen Straftaten und wird als Verbrechen von Amts wegen verfolgt. Die **Tatbestandsmerkmale** sind:

* in Brand setzen oder
* durch Brandlegung ganz oder teilweise Zerstören von
* Gebäuden, Betriebsstätten oder technischen Einrichtungen, Fahrzeugen, Wäldern, Heiden, Mooren oder land- oder forstwirtschaftlichen Anlagen oder Erzeugnissen

3.2.4.14.2 Unterlassene Hilfeleistung (§ 323c StGB)

Die Unterlassene Hilfeleistung gehört zu den so genannten **echten Unterlassungsdelikten**. Die Tathandlung besteht darin, ein gesetzlich gefordertes Tun zu unterlassen.

Mit der Garantenpflicht haben wir bereits ein **unechtes Unterlassungsdelikt** kennengelernt. Hier begeht der Täter eine Straftat sozusagen durch einen anderen Täter, indem er eine Pflicht verletzt, die er als Garant hat, um die Tat zu verhindern.

Die echten Unterlassungsdelikte hingegen sind eigene Straftatbestände mit eigenen Tatbestandsmerkmalen:

* bei Unglücksfällen, gemeiner Gefahr oder Not
* nicht Hilfe leisten, obwohl dies erforderlich ist und

- den Umständen nach möglich und zuzumuten wäre (ohne erhebliche Gefahr für sich selbst oder ohne die Vernachlässigung anderer wichtiger Pflichten möglich)

3.3 Betäubungsmittelgesetz (BtMG)

Zum Strafrecht im weitesten Sinne gehört auch das so genannte Nebenstrafrecht – Strafvorschriften außerhalb des Strafgesetzbuches, wie z. B. die der GewO, des WaffG oder die des BDSG, die in den jeweiligen Abschnitten bereits behandelt wurden.

Als weiterer Bereich, der im Sicherheitsdienst relevant ist, fehlt an dieser Stelle noch das Betäubungsmittelgesetzes (BtMG).

Straftaten nach dem Betäubungsmittelgesetz
Die Strafvorschriften der §§ 29 bis 31 BtMG regeln, welche Handlungen im Zusammenhang mit Betäubungsmitteln verboten sind.

Strafbar sind demnach (**Tatbestände**):

- der Anbau und die Herstellung
- das Handeltreiben und Inverkehrbringen
- das Ein- und Ausführen
- die Veräußerung und die Abgabe und
- der Erwerb und der Besitz von Betäubungsmitteln
- ohne Erlaubnis

Als **Betäubungsmittel** nach dem BtMG gelten alle Stoffe und Zubereitungen (natürliche und künstlich hergestellte Drogen) der Anlagen I bis III zum Gesetz, wie z. B. Kokain, Heroin, Haschisch, LSD und Ecstasy.

Damit ist im Grunde jeder Umgang mit Betäubungsmitteln, abgesehen vom **Konsum** selbst, strafbar.

Die **Höhe der Strafe** richtet sich dabei jeweils nach der Menge der Betäubungsmittel bzw. dem Alter des Konsumenten.

Geringe Menge	Von der Strafverfolgung kann abgesehen werden
Normale Menge	Vergehen
Nicht geringe Menge	Verbrechen

Eine **Erlaubnis** zum Umgang mit Betäubungsmitteln kann von der zuständigen Behörde erteilt werden (§ 3 BtMG). Erlaubnisfrei sind nur die in § 4 BtMG bezeichneten Einrichtungen, im Wesentlichen sind dies Apotheken.

3.4   Strafprozessordnung (StPO)

Die Strafprozessordnung regelt das Verfahren der Strafverfolgung von der Einleitung eines Verfahrens bis hin zur Verhandlung vor einem ordentlichen Gericht oder der Einstellung. Dabei legt sie unter anderem auch die Rechte und Pflichten von Zeugen und Beschuldigten fest und sichert die Strafverfolgung durch ein weiteres Jedermannsrecht. Im Folgenden sollen die wichtigsten Vorschriften hierzu erläutert werden.

3.4.1   Rechte und Pflichten des Zeugen

Die Pflicht zu erscheinen
Zeugen werden geladen und haben die Pflicht, zu diesem Termin zur Vernehmung zu erscheinen. Bei Zuwiderhandlung drohen die polizeiliche Vorführung, Ordnungsgelder oder -haft.

Die Pflicht auszusagen
Die Zeugenvernehmung folgt einem genauen Prozedere (§ 68 StPO), das mit der Belehrung des Zeugen gem. § 57 StPO und den Angaben zur Person beginnt. Der Zeuge kann im Anschluss von allen Verfahrensbeteiligten vernommen werden (§ 240 StPO).

Grundsätzlich haben Zeugen die Pflicht, auszusagen (§ 48 StPO), können aber in bestimmten Fällen die Aussage verweigern. § 55 StPO nennt die Fälle, in denen ein Zeuge die Auskunft verweigern kann. Auf Fragen mit deren Beantwortung:

- er sich selbst oder
- einen Angehörigen gem. § 52 Abs. 1 StPO
- der Gefahr aussetzen würde, wegen einer Straftat oder einer Ordnungswidrigkeit verfolgt zu werden.

Die Angabe über seine Personalien muss er jedoch in jedem Fall machen.

Die Pflicht unter Eid auszusagen

Zeugen sind verpflichtet, die Wahrheit zu sagen (siehe auch Abschnitte Uneidliche Falschaussage und Meineid).

Wegen der Bedeutung der Aussage oder zur Wahrheitsfindung können Zeugen im Anschluss an ihre Aussage vereidigt werden (§§ 69 ff. StPO).

Das Recht auf anwaltlichen Beistand

Zeugen haben das Recht, bei ihrer Vernehmung einen anwaltlichen Beistand hinzuzuziehen (§ 68b StPO).

Das Recht auf Information

Zeugen haben das Recht, dass ihnen der Gegenstand der Untersuchung und die Person des Beschuldigten vor ihrer Vernehmung bekannt gegeben werden (§ 69 StPO).

3.4.2 Rechte und Pflichten des Beschuldigten

Die Pflicht zu erscheinen

Analog zu den Zeugen haben Beschuldigte die Pflicht, zur Vernehmung zu erscheinen.

Schweigerecht

Anders als Zeugen haben Beschuldigte im Strafverfahren grundsätzlich das Recht, die Aussage zu verweigern. Lediglich die Angabe ihrer Personalien können von ihnen verlangt werden.

Das Recht auf anwaltlichen Beistand

Auch Beschuldigte haben das Recht, bei ihrer Vernehmung einen anwaltlichen Beistand hinzuzuziehen. Darüber hinaus steht ihnen in den Fällen des § 140 StPO ein Pflichtverteidiger zu.

3.4.3 Vorläufige Festnahme

Im Gegensatz zu den anderen Jedermannsrechten dient die vorläufige Festnahme nach § 127 StPO nicht dem Schutz einzelner Rechtsgüter, sondern der Sicherung der Strafverfolgung nach einer begangenen Straftat.

Damit ist die **erste Voraussetzung** stets das Vorliegen einer strafbaren Handlung (Straftat).
Die **weiteren Voraussetzungen** führt § 127 Abs. 1 StPO aus:

- Täter auf frischer Tat betroffen oder verfolgt und
- Identität nicht sofort feststellbar oder der Flucht verdächtig

Sind alle Voraussetzungen erfüllt, ist jedermann befugt, einen Täter auch ohne richterlichen Haftbefehl vorläufig festzunehmen und dabei, soweit erforderlich, **Zwangsmaßnahmen** anzuwenden.

Damit dient § 127 Abs. 1 StPO als **Rechtfertigungsgrund** für die bei der Festnahmehandlung verwirklichten Tatbestände der Freiheitsberaubung, der Nötigung und unter Umständen der Körperverletzung, soweit diese **verhältnismäßig** waren.

Eine **Straftat** liegt vor, wenn der Täter die Tatbestandsmerkmale eines Straftatbestandes des StGB verwirklicht hat, bzw. dort, wo bereits der Versuch strafbar ist, mit der Verwirklichung der Tatbestandsmerkmale begonnen hat. Der reine Tatverdacht ist nicht ausreichend.

Auf frischer Tat betroffen oder verfolgt ist der Täter, wenn die Tat mit der Festnahme in einem engen räumlichen und zeitlichen Zusammenhang steht (Tatort oder unmittelbare Nähe bzw. Verfolgung vom Tatort).

Zur **Identitätsfeststellung** des Täters ist in der Regel ein amtlicher Lichtbildausweis erforderlich, soweit der Festnehmende diesen nicht persönlich kennt.

Der Flucht verdächtig ist ein Täter, wenn Umstände die Annahme rechtfertigen, dass er sich der Strafverfolgung zu entziehen versucht (durch Flucht, Untertauchen usw.).

Verhältnismäßig sind die Festnahme und die damit zusammenhängenden Zwangsmaßnahmen (körperliche Gewalt, um Widerstand zu brechen, Fesselung usw.) nur, soweit jeweils das mildeste Mittel angewendet wird, um den Zweck der Festnahme (Identitätsfeststellung, Verhinderung der Flucht) zu erreichen.

Wie bei der Notwehr muss eine Abwägung zwischen den betroffenen Rechtsgütern, hier die durch die Straftat verletzten Rechtsgüter, und dem Recht auf Freiheit und körperliche Unversehrtheit des Täters erfolgen.

Je schwerer die Straftat, desto eher sind Zwangsmaßnahmen gerechtfertigt, geringfügige Vergehen rechtfertigen hingegen in der Regel keine körperliche Gewalt.

Ist die Identität des Täters zweifelsfrei festgestellt und besteht keine Fluchtgefahr, enden die Voraussetzungen für eine vorläufige Festnahme und der Täter ist aus dem Gewahrsam zu entlassen.

Voraussetzungen der vorläufigen Festnahme nach § 127 StPO

Täter → Straftat

auf frischer Tat betroffen	oder	auf frischer Tat verfolgt

und

Identität nicht feststellbar	oder	der Flucht verdächtig

und soweit erforderlich und verhältnismäßig

Zwangsmaßnahmen zulässig

Umgang mit Waffen

4

Der Umgang mit Waffen ist durch die Bestimmungen des Waffengesetzes (WaffG) geregelt. Für den Bereich der gewerblichen Sicherheit gelten darüber hinaus die speziellen Bestimmungen der Bewachungsverordnung (BewachV) und der DGUV Vorschrift 23.

▶**Umgang mit einer Waffe**hat, wer diese erwirbt, besitzt, überlässt, führt, verbringt, mitnimmt, damit schießt, herstellt, bearbeitet, instand setzt oder damit Handel treibt (§ 1 Abs. 3 WaffG).

Obwohl für den eigentlichen Einsatz von Waffen im Sicherheitsdienst eine separate Sachkundeprüfung notwendig ist, die alle rechtlichen Regelungen zum Gegenstand hat, müssen Sicherheitsmitarbeiter zumindest die Grundzüge im Umgang mit Waffen beherrschen.

4.1 Sachkunde

Der Umgang mit Schusswaffen und ihnen gleichgestellten Gegenständen (§ 1 Abs. 2 Nr. 1 WaffG) bedarf der Erlaubnis; diese Erlaubnis setzt die Sachkunde nach § 7 WaffG voraus. Die **Sachkunde** kann nachgewiesen werden:

• durch eine Prüfung vor der zuständigen Stelle oder
• durch eine Tätigkeit oder Ausbildung.

© Springer Fachmedien Wiesbaden GmbH, ein Teil von Springer Nature 2023
R. Schwarz, *Sachkunde im Bewachungsgewerbe (IHK)*,
https://doi.org/10.1007/978-3-658-38142-4_4

4.2 Waffen- und munitionstechnische Begriffe

4.2.1 Waffen

Gegenstand und Zweck des Waffengesetzes finden sich im § 1 WaffG, hier wird auch bereits der Begriff der **Waffe** definiert.

Damit umfasst das Waffengesetz den **Umgang** mit allen in der folgenden Übersicht aufgeführten Gegenständen.

Waffen im Sinne des Waffengesetzes
Schusswaffen und gleichgestellte Gegenstände
Tragbare Gegenstände (Hieb- und Stoßwaffen)
Verbotene Waffen

4.2.1.1 Schusswaffen
Gegenstände, die zum Angriff oder zur Verteidigung, zur Signalgebung, zur Jagd, zur Distanzinjektion, zur Markierung, zum Sport oder zum Spiel bestimmt sind und bei denen Geschosse durch einen Lauf getrieben werden.

4.2.1.2 Schusswaffen gleichgestellte Gegenstände
Sind tragbare Gegenstände, die zum Abschießen von Munition, zum Angriff oder zur Verteidigung, zur Signalgebung, zur Jagd, zur Distanzinjektion, zur Markierung, zum Sport oder zum Spiel bestimmt sind.

4.2.1.3 Tragbare Gegenstände
Sie sind ihrem Wesen nach dazu bestimmt, die Angriffs- oder Abwehrfähigkeit von Menschen zu beseitigen oder herabzusetzen, insbesondere **Hieb- und Stoßwaffen.** Ohne dafür bestimmt zu sein, sind sie insbesondere wegen ihrer Beschaffenheit, Handhabung oder Wirkungsweise geeignet, die Angriffs- oder Abwehrfähigkeit von Menschen zu beseitigen oder herabzusetzen und werden im Waffengesetz genannt.

4.2.1.4 Verbotene Waffen

Die in der Anlage 2 Abschn. 1 zum WaffG aufgeführten Gegenstände. Diese sind unter anderem:

- Waffen nach dem Kriegswaffenkontrollgesetz, insbesondere vollautomatische und Anscheinswaffen
- Stahlruten, Totschläger, Schlagringe und Teleskopschlagstöcke bis 19 Zentimeter im zusammengeschobenem Zustand
- Wurfsterne und Butterflymesser
- Zielpunktprojektoren

Bei denen bestimmungsgemäß feste Körper gezielt verschossen werden, deren Antriebsenergie durch Muskelkraft eingebracht und durch eine Sperrvorrichtung gespeichert werden kann, sind den Schusswaffen gleichgestellt.

4.2.2 Munition und Geschosse

Auch der **Umgang mit Munition** ist durch das Waffengesetz reguliert. Die folgende Übersicht zeigt, was als Munition im Sinne des Waffengesetzes zu verstehen ist.

Munition im Sinne des Waffengesetzes	
Munition	Zum Verschießen aus Schusswaffen bestimmte Patronen- und Kartuschenmunition, hülsenlose und pyrotechnische Munition sowie Ladungen
Geschosse	Feste Körper oder gasförmige, flüssige oder feste Stoffe in Umhüllungen für den Verschuss

4.3 Waffenrechtliche Begriffe

Waffenrechtliche Begriffe	
Besitz	Ist die tatsächliche Gewalt über eine Waffe zu haben, das heißt unabhängig von den Eigentumsverhältnissen nach eigenem Willen über sie verfügen zu können.
Erwerb	Die tatsächliche Gewalt (Besitz) über eine Waffe zu erlangen.
Überlassung	Wer einem anderen die tatsächliche Gewalt (Besitz verschaffen) über eine Waffe oder Munition einräumt, **überlässt** ihm die Waffe
Führen	Die Ausübung der tatsächlichen Gewalt über eine Waffe außerhalb seiner Wohnung, seiner Geschäftsräume, seines umfriedeten Besitztums oder einer Schießstätte in der Art, dass die Waffe zugriffsbereit mitgeführt wird.
Transport	Die Ausübung der tatsächlichen Gewalt über eine Waffe außerhalb seiner Wohnung, seiner Geschäftsräume, seines umfriedeten Besitztums oder einer Schießstätte in der Art, dass die Waffe **nicht** zugriffsbereit mitgeführt wird.
Verwendung	Wer eine Waffe bestimmungsgemäß verwendet - damit schießt.
Schussbereit	Wenn sich Munition in der Waffe befindet.
Zugriffsbereit	Ist eine Waffe, wenn sie unmittelbar, das heißt mit wenigen schnellen Handgriffen, in Anschlag gebracht werden kann.

4.4 Waffenrechtliche Erlaubnisse

Der Umgang mit Waffen und Munition bedarf einer **Erlaubnis** nach dem Waffengesetz. Personen unter 18 Jahren ist der Umgang grundsätzlich verboten.

Erlaubnisse nach dem WaffG	
Waffenbesitzkarte	Erwerb und Besitz
Waffenschein und kleiner Waffenschein	Führen

Die **Waffenbesitzkarte** erlaubt dem Inhaber, Waffen und Munition zu erwerben und zu besitzen.

Der **Waffenschein** erlaubt dem Inhaber das Führen einer Waffe. Hierzu sind auch die besonderen Vorschriften für Bewachungsunternehmen weiter unten zu beachten.

4.4.1 Waffenbesitzkarte

Die **Waffenbesitzkarte** wird auf Antrag von der zuständigen Behörde, das ist in der Regel das Ordnungsamt, ausgestellt.

Dabei wird die genaue Bezeichnung der Waffe und der Munition eingetragen, für die die Erlaubnis gelten soll (z. B. Pistole Kal. 9 mm × 19).

Voraussetzungen für die Erlaubnis nach § 4 WaffG sind:

- das vollendete 18. Lebensjahr
- die erforderliche Zuverlässigkeit (§ 5 WaffG) und die persönliche Eignung (§ 6 WaffG)
- die erforderliche Sachkunde
- Nachweis eines Bedürfnisses

Grundsätzlich wird die Waffenbesitzkarte unbefristet erteilt, kann aber insbesondere zur Gefahrenabwehr mit Auflagen verbunden und dann auch befristet erteilt werden.

Aber drei Jahre nach Erteilung der ersten waffenrechtlichen Erlaubnis wird das Bedürfnis erneut geprüft. Weitere Prüfungen des Bedürfnisses liegen dann im Ermessen der zuständigen Behörde.

Darüber hinaus wird die Zuverlässigkeit und persönliche Eignung des Erlaubnisinhabers regelmäßig, mindestens jedoch alle drei Jahre, von der Behörde
überprüft. Fällt bei diesen Prüfungen eine der Voraussetzungen weg, so wird
auch die waffenrechtliche Erlaubnis entzogen.

4.4.2 Waffenschein

Auch der Waffenschein wird auf Antrag von der zuständigen Behörde ausgestellt.
Er berechtigt zum Führen einer Waffe.

Die **Voraussetzungen** sind identisch mit denen der Waffenbesitzkarte, erwei-
tert um den Abschluss einer entsprechenden **Haftpflichtversicherung** mit einer
Mindestversicherungssumme in Höhe von einer Million Euro für Personen- und
Sachschäden.

Im Gegensatz zur Waffenbesitzkarte gilt die Erlaubnis zum Führen einer Waffe
nur begrenzt auf drei Jahre und kann, soweit das Bedürfnis weiter vorliegt,
zweimal verlängert werden.

Der so genannte **kleine Waffenschein** berechtigt dabei nur zum Führen von
Schreckschuss-, Reizstoff- und Signalwaffen (siehe auch § 19 BGV C7).

4.5 Aufbewahrung von Waffen und Munition

Wer Waffen besitzt, hat die erforderlichen Vorkehrungen zu treffen, um zu verhindern, dass diese abhandenkommen oder Dritte sie unbefugt an sich nehmen
(§ 36 WaffG).

Munition ist grundsätzlich **getrennt von den Waffen** aufzubewahren, es sei
denn, die Aufbewahrung erfolgt in einem Sicherheitsbehältnis nach DIN.

Auf Verlangen der zuständigen Behörde muss der Waffenbesitzer die Aufbewahrung nachweisen und die Behörde hat unter bestimmten Voraussetzungen
ein Zugangsrecht zu den Wohn- und Geschäftsräumen, in denen die Waffen
aufbewahrt werden.

4.6 Anzeigepflichten

Neben dem Erwerb erlaubnispflichtiger Waffen und Munition ist auch deren Verlust unverzüglich der zuständigen Behörde anzuzeigen (§ 37 Abs. 2 WaffG).
Weitere Anzeigepflichten nach § 37 WaffG:

- Erbschaft oder Fund oder
- die Zerstörung oder das Unbrauchbarmachen

einer erlaubnispflichtigen Waffe.

Eine weitere Anzeigepflicht betrifft verbotene Waffen (§ 42 WaffG). Werden solche Gegenstände in Besitz genommen, ist dies ebenfalls unverzüglich der zuständigen Behörde anzuzeigen.

4.7 Ausweispflicht

Wer erlaubnispflichtige Waffen transportiert oder führt, muss seinen **Personalausweis** oder **Reisepass** und die entsprechenden **Erlaubnisse** für Waffe und Munition (Waffenbesitzkarte, Waffenschein) mit sich führen und auf Verlangen Polizeibeamten oder sonst zur Personenkontrolle berechtigten Personen vorzeigen (§ 38 WaffG).

4.8 Öffentliche Veranstaltungen

Auf öffentlichen Veranstaltungen ist das Führen einer Waffe im Sinne des § 1 Abs. 2 WaffG grundsätzlich verboten (§ 42 WaffG). Dies sind:

- öffentliche Vergnügen
- Volksfeste
- Sportveranstaltungen
- Messen
- Ausstellungen
- Märkte oder
- ähnliche Veranstaltungen

Eine **Ausnahmegenehmigung** kann von der zuständigen Behörde erteilt werden, wenn keine Gefahr für die öffentliche Sicherheit und Ordnung besteht und der Antragsteller:

- die erforderliche Zuverlässigkeit und persönliche Eignung besitzt und
- nachweist, dass er bei der Veranstaltung nicht auf Waffen verzichten kann (besonderes Bedürfnis).

4.9   Vorschriften für Bewachungsunternehmen

Auch private Bewachungsunternehmen unterliegen den Regelungen des Waffengesetzes und sind an dessen Vorschriften zum Umgang mit erlaubnispflichtigen Waffen gebunden.

Eine **waffenrechtliche Erlaubnis** zum Erwerb, Besitz und zum Führen von Schusswaffen kann einem Bewachungsunternehmen erteilt werden, wenn es glaubhaft macht, dass **Bewachungsaufträge** wahrgenommen werden oder werden sollen, die aus Gründen der Sicherheit:

- einer gefährdeten Person oder
- eines gefährdeten Objektes

Schusswaffen erfordern (§ 28 Abs. 1 WaffG).

Dabei dürfen die Schusswaffen nur bei der tatsächlichen Durchführung des Auftrages geführt werden. Vor der **Überlassung** der Waffen an Sicherheitsmitarbeiter hat der Bewachungsunternehmer diese namentlich der zuständigen Behörde zur Prüfung zu benennen und die **Genehmigung** einzuholen (§ 28 Abs. 2 und 3 WaffG).

Zusätzlich kann im **Waffenschein** auch aufgenommen werden, welche Personen nach Weisung des Erlaubnisinhabers (Bewachungsunternehmer) zum Führen berechtigt sind (§ 28 Abs. 4 WaffG).

Werden Gegenstände, die unter das Waffengesetz fallen, insbesondere erlaubnispflichtige und verbotene Waffen, **durch Sicherheitsmitarbeiter in Besitz genommen** (z. B. bei einer Kontrolle), muss dies unverzüglich der zuständigen Behörde angezeigt werden (siehe auch Anzeigepflichten).

Insoweit gelten die allgemeinen Anzeigepflichten natürlich uneingeschränkt auch für Mitarbeiter von Bewachungsunternehmen.

4.10   Anscheinswaffen und bestimmte tragbare Gegenstände

§ 42 a WaffG verbietet das Führen von Anscheinswaffen und bestimmten tragbaren Gegenständen.

Anscheinswaffen sind Gegenstände, die ihrer äußeren Form nach den Anschein von Feuerwaffen hervorrufen, bei denen zum Antrieb der Geschosse jedoch keine heißen Gase verwendet werden.

Unter die **bestimmten Gegenstände** fallen Einhandmesser mit einer Klingen-
länge von über 12 Zentimetern und die in Anlage 1 Abschn. 1 Unterabschnitt 2
Nr. 1.1 aufgeführten Gegenstände (z. B. Schlagstöcke).

4.11   Straf- und Bußgeldvorschriften

Die **Strafvorschriften** des Waffengesetzes finden sich in den §§ 51 bis 52a.
Analog zu den Strafvorschriften des Betäubungsmittelgesetzes gehören sie zum
Nebenstrafrecht.

Straftaten nach dem WaffG (Beispiele)		
Erwerb, Besitz, Handel oder Führen erlaubnispflichtiger Waffen ohne Erlaubnis	→	Freiheitsstrafe von einem Jahr bis zu fünf Jahren, in besonders schweren Fällen (gewerbsmäßig, als Mitglied einer Bande usw.) Freiheitsstrafe bis zu zehn Jahren

Die Strafandrohung für Verstöße reicht dabei von Geldstrafen bis hin zu Freiheits-
strafen von zehn Jahren in besonders schweren Fällen. Die vorstehende Übersicht
zeigt einige Beispiele.

Die **Bußgeldvorschriften** finden sich im § 53 WaffG. Ordnungswidrigkeiten
im Sinne des Waffengesetzes können je nach Schwere des Verstoßes mit einer
Geldbuße von bis zu 10.000 € geahndet werden.

Ordnungswidrigkeiten nach dem WaffG (Beispiele)
Verstöße gegen Auflagen
Verstöße gegen Aufbewahrungspflichten
Erwerb nicht erlaubnispflichtiger Waffen als unter 18-Jähriger

Unfallverhütungsvorschriften 5

Die Gesundheit eines Menschen ist das höchste Gut. Wie an jedem Arbeitsplatz drohen auch Sicherheitsmitarbeitern vielfältige Gefahren bei der Ausübung ihres Dienstes. Daher hat der Gesetzgeber verpflichtende Regeln festgelegt, um die Gesundheit von Arbeitnehmern an ihrem Arbeitsplatz bestmöglich zu schützen.

Im Folgenden werden wir uns zunächst die allgemein verbindlichen Regelungen für alle Branchen anschauen und im Anschluss jene, die speziell für Bewachungsunternehmen gelten.

Relevante Vorschriften
Arbeitsschutzgesetz (ArbSchG)
Siebtes Buch Sozialgesetzbuch (SGB VII)
DGUV Vorschrift 1
DGUV Vorschrift 23
ASR A1.3

5.1 Branchenübergreifenden Vorschriften

Dies sind im Wesentlichen das Siebte Buch Sozialgesetzbuch (SGB VII), das Arbeitsschutzgesetz (ArbSchG) und die Berufsgenossenschaftlichen Vorschriften (DGUV VORSCHRIFT 1 und ASRA 1.3).

Hier sind die Grundsätze verankert, die für Unternehmen aller Branchen gleichermaßen gelten.

© Springer Fachmedien Wiesbaden GmbH, ein Teil von Springer Nature 2023
R. Schwarz, *Sachkunde im Bewachungsgewerbe (IHK)*,
https://doi.org/10.1007/978-3-658-38142-4_5

5.1.1 Berufsgenossenschaften

Die Berufsgenossenschaften sind der **Träger der gesetzlichen Unfallversicherung** nach dem Siebten Buch Sozialgesetzbuch (§§ 114 und 121 SGB
VII).

Von den insgesamt neun gewerblichen Berufsgenossenschaften ist die größte,
die **Verwaltungs-Berufsgenossenschaft (BG)** für das Bewachungsgewerbe
zuständig.

▶ **Befugnisse der Berufsgenossenschaften** Die BG erlassen Unfallver-
    hütungsvorschriften und überwachen die Einhaltung und Umsetzung
    dieser Vorschriften in den Unternehmen.
        Die Überwachung erfolgt durch die Aufsichtspersonen (§ 18 SGB
    VII), die hierfür hoheitliche Befugnisse haben (§ 19 SGB VII).

5.1.1.1 Prävention
Hauptaufgabe der Berufsgenossenschaften ist die Prävention, die Verhütung von
Arbeitsunfällen, Berufskrankheiten und arbeitsbedingten Gesundheitsgefahren
(§§ 1 und 14 SGB VII).
    Diese Aufgabe nehmen sie zum einen durch den **Erlass von Unfallverhü-
tungsvorschriften** (§ 15 SGB VII) sowie die **Überwachung** der Einhaltung
dieser Vorschriften in den Unternehmen und zum anderen durch die **Beratung**
der Unternehmen wahr (§ 17 SGB VII).

• Prävention
• Erlass von Unfallverhütungsvorschriften
• Überwachung der Einhaltung und Umsetzung von Unfallverhütungsvorschrif-
  ten
• Beratung

5.1.1.2 Rehabilitation und Entschädigung
Die zweite Aufgabe der Berufsgenossenschaften besteht darin, die **Gesundheit**
und die **Leistungsfähigkeit** der Versicherten bei Berufskrankheiten oder nach
Arbeitsunfällen durch geeignete Maßnahmen **wiederherzustellen** bzw. finanzielle
Entschädigung zu leisten (§ 1 SGB VII).

- Heilbehandlung
- Reha-Maßnahmen
- berufliche Eingliederung (z. B. Umschulungen)
- Entschädigungsleistungen

Eine **Minderung oder der Ausschluss von Leistungen** ist möglich, wenn der Unfall im Zusammenhang mit einer Straftat aufgetreten ist oder der Tod eines Versicherten herbeigeführt wurde (§ 101 SGB VII).

5.1.1.3 Versicherte Personen

Versichert in der gesetzlichen Unfallversicherung ist jeder abhängig Beschäftigte in der jeweils für seinen Arbeitgeber zuständigen BG. Es handelt sich hierbei um eine Pflichtversicherung kraft Gesetzes (§ 2 SGB VII).

▶Pflichtversicherung → Versicherung kraft Gesetzes

5.1.1.4 Versicherte Tätigkeit

Versichert sind alle Tätigkeiten, die der Arbeitnehmer (Versicherte) im Rahmen seines Anstellungsverhältnisses ausübt (§ 8 SGB VII).

Darüber hinaus sind auch die unmittelbaren Wege zwischen Wohnung und Arbeitsstätte mit versichert (Wegeunfall; § 8 Abs. 2 Nr. 1 SGB VII).

▶   Versichert in der gesetzlichen Unfallversicherung sind die versicherungspflichtige Tätigkeit und Wege von der Wohnung zur Arbeitsstätte.

5.1.1.5 Arbeitsunfall

Ein Arbeitsunfall ist ein zeitlich begrenztes Ereignis, das von außen auf den Körper einwirkt und zu einem Gesundheitsschaden oder zum Tod führt (§ 8 Abs. 1 SGB VII).

5.1.2 Pflichten des Arbeitgebers

Unternehmer sind für die **Durchführung der Maßnahmen** zur Verhütung von Arbeitsunfällen und Berufskrankheiten, für die Verhütung arbeitsbedingter Gesundheitsgefahren und für eine wirksame Erste Hilfe verantwortlich (§ 21 SGB VII; § 2 DGUV VORSCHRIFT 1).

Das heißt, sie haben dafür Sorge zu tragen, dass die **Unfallverhütungsvorschriften** der BG eingehalten werden und, soweit erforderlich, eine entsprechende **Organisation** (geeignetes Personal, Dienstanweisungen usw.) zu schaffen und entsprechende **Mittel** zur Verfügung zu stellen (Erste-Hilfe-Ausstattung, Feuerlöscher, Vorschriften usw.). Hierzu ist der Unternehmer bereits nach § 3 ArbSchG verpflichtet.

Darüber hinaus hat er die Verpflichtung, seine Mitarbeiter in Sicherheit und Gesundheitsschutz und in mit der Arbeit verbundenen Gefahren zu unterweisen (§ 4 DGUV VORSCHRIFT 1).

Bei regelmäßig mehr als 20 Beschäftigten hat der Unternehmer so genannte **Sicherheitsbeauftragte** zu bestellen (§ 22 SGB VII).

5.1.3 Pflichten der Versicherten

Die Versicherten (Arbeitnehmer) haben nach ihren Möglichkeiten alle **Maßnahmen** zur Verhütung von Arbeitsunfällen und Berufskrankheiten, für die Verhütung arbeitsbedingter Gesundheitsgefahren und für eine wirksame Erste Hilfe zu **unterstützen** und die Anweisungen des Unternehmers zu **befolgen** (§ 21 Abs. 3 SGB VII).

5.1.4 Anzeigepflichten

Unternehmen sind verpflichtet, Unfälle ihrer Versicherten im Unternehmen dem Unfallversicherungsträger zu melden **(Unfallmeldung)**, wenn der Versicherte mehr als drei Tage arbeitsunfähig ist.

Das Gleiche gilt für das Vorliegen einer **Berufskrankheit** (Verdacht auf eine Berufskrankheit) bei einem Versicherten. Die Anzeige ist innerhalb von drei Tagen zu erstatten und vom Betriebsrat mit zu unterzeichnen (§ 193 SGB VII).

5.1.5 Datenschutz

Auch für den Bereich der Berufsgenossenschaften gilt das BDSG natürlich uneingeschränkt. § 199 SGB VII gestattet den Berufsgenossenschaften die Erhebung, Verarbeitung und Nutzung von Daten zur Erfüllung ihrer Aufgaben, soweit dies erforderlich ist. Unter anderem für:

- die Feststellung der Zuständigkeit
- die Erbringung von Leistungen und
- die Verhütung von Versicherungsfällen

5.1.6 Bußgeldvorschriften

Verstöße gegen das Sozialgesetzbuch oder eine der Unfallverhütungsvorschriften werden als Ordnungswidrigkeiten geahndet (§ 209 SGB VII). Die Geldbußen reichen dabei bis zu einer Höhe von 10.000 €. Unter anderem Verstöße gegen:

- Unfallverhütungsvorschriften
- Anordnungen der BG
- Aufzeichnungs- und Meldepflichten
- Auskunftspflichten

5.1.7 Sicherheits- und Gesundheitsschutzkennzeichnung

Für Arbeitsplätze vorgeschriebene Sicherheitskennzeichen finden sich in den Technischen Regeln für Arbeitsstätten (ASR) A1.3.

Der Anhang 1 zur ASR A1.3 enthält die zulässigen Verbots-, Warn-, Gebots-, Rettungs- und Brandschutzzeichen. Die folgende Übersicht zeigt die Farb- und Formenbedeutung der Zeichen.

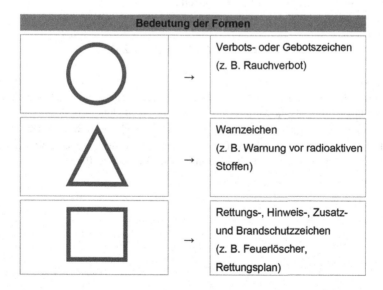

Bedeutung der Formen	
○ →	Verbots- oder Gebotszeichen (z. B. Rauchverbot)
△ →	Warnzeichen (z. B. Warnung vor radioaktiven Stoffen)
□ →	Rettungs-, Hinweis-, Zusatz- und Brandschutzzeichen (z. B. Feuerlöscher, Rettungsplan)

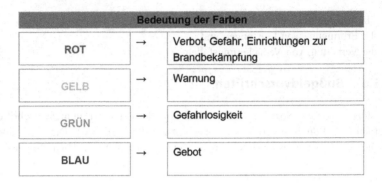

Bedeutung der Farben		
ROT	→	Verbot, Gefahr, Einrichtungen zur Brandbekämpfung
GELB	→	Warnung
GRÜN	→	Gefahrlosigkeit
BLAU	→	Gebot

Im Anhang 3 zur ASR A1.3 finden Sie darüber hinaus ein Beispiel für einen Flucht- und Rettungsplan (www.vbg.de). Es ist empfehlenswert, die Vorschrift vor der Prüfung einmal vollständig zu lesen.

5.2   Unfallverhütungsvorschriften im Wach- und Sicherungsdienst

Im Folgenden werden wir uns die Unfallverhütungsvorschriften für den Wach- und Sicherungsdienst näher ansehen. Dort ist die **DGUV VORSCHRIFT 23** die zentrale Vorschrift. Sie gilt neben den branchenübergreifenden Vorschriften in allen Unternehmen des Bewachungsgewerbes.

5.2.1   Eignung (§ 3 DGUV VORSCHRIFT 23)

Für Sicherheitsaufgaben dürfen nur Beschäftigte eingesetzt werden, die die **erforderliche Befähigung** – mindestens 18 Jahre, geistige und körperliche Eignung, Zuverlässigkeit und den Aufgaben angemessene Ausbildung – besitzen.

Hierzu sind auch die Vorschriften der GewO und der BewachV zum Einsatz von Personal zu beachten. Der Unternehmer hat über die Befähigung der Mitarbeiter entsprechende **Aufzeichnungen** (Nachweise) zu führen.

5.2.2 Dienstanweisungen (§ 4 DGUV VORSCHRIFT 23)

Das Verhalten der Mitarbeiter, einschließlich des Weitermeldens von Mängeln und besonderen Gefahren, ist durch eine **Dienstanweisung** zu regeln. Alle Mitarbeiter müssen vor der Aufnahme der Tätigkeit und anschließend in regelmäßigen Abständen in die Dienstanweisungen eingewiesen werden. Darüber hinaus muss die Dienstanweisung alle technischen und organisatorischen Anforderungen regeln.

Dies bedingt neben einer allgemeinen Dienstanweisung stets auch eine **einsatzbezogene Dienstanweisung**, die die Gegebenheiten des Einsatzes, eine Beschreibung aller Aufgaben, Ansprechpartner, Meldewege usw. regelt.

Folgende Punkte sollten Dienstanweisungen enthalten:

- Rechte und Pflichten
- Verschwiegenheit
- Eigensicherung
- Verhalten bei Konfrontationen
- Verhalten bei Überfällen, Geiselnahmen
- Umgang mit Schusswaffen
- Verbote gem. WaffG
- Verbot berauschender Mittel
- organisatorische Festlegungen und Kommunikation
- Verbot von Nebentätigkeiten
- Einsatz von Sicherheitstechnik
- Meldung von Mängeln und Gefahren

Bei **einsatzbezogenen Vorschriften** (zusätzlich):

- Auftraggeber und Auftrag
- Ansprechpartner
- Ablauf des Dienstes (Übergabe, Kontrollgänge usw.)
- spezielle Gefahren im/am Objekt
- objektspezifisches Verhalten in bestimmten Situationen
- Technik
- usw.

Neben der Unterweisung in den Dienstvorschriften ist, soweit dies notwendig ist, bei bestimmten Gefahren das dort beschriebene Verhalten zusätzlich auch zu üben.

5.2.3 Verbot berauschender Mittel (§ 5 DGUV VORSCHRIFT 23)

Der Genuss berauschender Mittel (inklusive Alkohol) ist während des Dienstes ausdrücklich verboten. Beim Konsum vor und nach dem Dienst ist sicherzustellen, dass der Dienstantritt stets nüchtern erfolgt.

5.2.4 Übernahme von Wach- und Sicherungsaufgaben (§ 6 DGUV VORSCHRIFT 23)

Der Unternehmer darf Aufträge nur annehmen, wenn vermeidbare Gefahren im Objektbereich beseitigt oder ausreichend abgesichert werden.

5.2.5 Sicherungstätigkeit mit besonderen Gefahren (§ 7 DGUV VORSCHRIFT 23)

Ergeben sich bei der Aufgabendurchführung besondere Gefahren, ist das Sicherheitspersonal zu überwachen. Dies ist insbesondere bei Tätigkeiten mit einem hohen Konfrontationspotenzial notwendig:

* auf Flughäfen
* im öffentlichen Nachverkehr
* bei Veranstaltungen
* usw.

5.2.6 Überprüfung von zu sichernden Objekten und Objekteinweisung

Die zu sichernden Objekte müssen durch den Unternehmer auf Gefahren geprüft und diese ggf. beseitigt oder abgesichert werden.

Die Prüfungen müssen regelmäßig bzw. anlassbezogen erfolgen. Über die Überprüfungen und die getroffenen Maßnahmen sind Aufzeichnungen zu führen (§ 8 DGUV VORSCHRIFT 23).

Vor Tätigkeitsbeginn sind alle Mitarbeiter in das Objekt und die spezifischen Gefahren (objektspezifische Dienstanweisung) einzuweisen.

Werden Hunde eingesetzt, ist das Personal z. B. zusätzlich in das Verhalten im Umgang mit den Hunden einzuweisen (§ 9 DGUV VORSCHRIFT 23).

5.2.7 Ausrüstung (§ 10 DGUV VORSCHRIFT 23)

Der Unternehmer muss dafür Sorge tragen, dass die erforderlichen Einrichtungen, Ausrüstungen und Hilfsmittel vorhanden und in einem ordnungsgemäßen Zustand sind.

Das Personal ist in der Handhabung zu unterweisen. Anlegbare Ausrüstung darf die Bewegungsfreiheit, insbesondere der Hände, nicht mehr als unvermeidbar beeinträchtigen.

Das Personal muss dem Auftrag entsprechendes Schuhwerk tragen. Bei Dunkelheit sind Handlampen zur Verfügung zu stellen.

Die Mitarbeiter dürfen die Ausrüstung und Hilfsmittel nur bestimmungsgemäß verwenden.

5.2.8 Brillenträger (§ 11 DGUV VORSCHRIFT 23)

Muss im Dienst eine Brille getragen werden, ist diese gegen Verlieren zu sichern oder eine Ersatzbrille mitzuführen.

5.2.9 Diensthunde

Diensthunde (§ 12 DGUV VORSCHRIFT 23) und **Hundeführer** (§ 15 DGUV VORSCHRIFT 23) müssen für den Einsatz im Sicherheitsdienst geeignet und entsprechend ausgebildet sein.

Die Befähigung (einzeln und im Team) ist regelmäßig nachzuweisen (mindestens einmal jährlich).

Werden die Hunde in Zwingern gehalten, gelten die Bestimmungen des § 13 DGUV VORSCHRIFT 23 (Einzelhaltung, Zutrittsverbot für Unbefugte usw.). Bei der Haltung in Objekten selbst sind ebenfalls entsprechende Zwinger vorzuhalten (§ 14 DGUV VORSCHRIFT 23).

5.2.10 Schusswaffen (§§ 18 bis 22 DGUV VORSCHRIFT 23)

Beim Einsatz von Schusswaffen hat der Unternehmer die **Bestimmungen des Waffengesetzes und der Bewachungsverordnung** zu beachten, insbesondere natürlich die Bestimmungen über die Sachkunde, die Aufbewahrung, die Übergabe und Übernahme und den Zustand der Waffen.

Der Einsatz von **Schreck- oder Gasschusswaffen** ist ausdrücklich untersagt.

Waffenträger müssen an **regelmäßigen Schießübungen** (mindestens viermal jährlich) teilnehmen und ihre Schießfertigkeit und Sachkunde nachweisen (§ 18 DGUV VORSCHRIFT 23).

Beim Führen von Schusswaffen und Munition müssen geeignete Trageeinrichtungen (Holster) verwendet werden, die das Herausfallen verhindern. Munition darf nicht lose mitgeführt werden und Waffen sind zu sichern. Außer bei drohender Gefahr darf sich keine Patrone vor dem Lauf befinden.

5.2.11 Geld- und Werttransporte (§§ 24 und 25 DGUV VORSCHRIFT 23)

Für die Durchführung von Geld- und Werttransporten dürfen nur besonders geschultes Personal und entsprechend gesicherte Fahrzeuge eingesetzt werden.

Die besondere Ausbildung soll unter anderem das taktische Verhalten vor, während und nach einem Überfall beinhalten sowie das frühzeitige Erkennen von speziellen Gefahrensituationen.

In öffentlich zugänglichen Bereichen und auf dem Weg vom und zum Fahrzeug ist der Geldbote (mit wenigen Ausnahmen) immer durch eine weitere Person zu begleiten, die die Sicherung übernimmt. Das Fahrzeug muss beim Be- und Entladen immer mindestens durch eine Person besetzt bleiben.

5.2.12 Ordnungswidrigkeiten (§ 28 DGUV VORSCHRIFT 23)

Verstöße gegen die Bestimmungen der DGUV VORSCHRIFT 23 sind Ordnungswidrigkeiten im Sinne des § 209 SGB VII und betreffen sowohl den Unternehmer als auch die Versicherten. § 28 DGUV VORSCHRIFT 23 listet die einzelnen Verstöße auf.

Umgang mit Menschen

6

Der Umgang mit Menschen ist gewissermaßen ein „Berufsrisiko" von Sicherheitsmitarbeitern, aber zugleich auch der spannendste Aspekt dieser Tätigkeit. Tagtäglich treffen wir im Dienst mit den unterschiedlichsten Menschen in den unterschiedlichsten Situationen zusammen. Daraus ergibt sich naturgemäß ein hohes Potenzial an möglichen **Konflikten,** die zu lösen ein wesentlicher Bestandteil der Aufgabe ist.

Daher ist es zweckmäßig, die Grundlagen menschlichen Verhaltens, die Entstehung von **Konflikten** und das angemessene **Verhalten** in bestimmten Situationen zu beherrschen, insbesondere bei der **Kommunikation.**

Umgang mit Menschen
Grundlagen menschlichen Verhaltens
Grundlagen der Kommunikation
Konflikte
Verhalten in bestimmten Situationen

Insbesondere der Umgang mit unseren **Kunden** stellt uns nicht selten vor einige Herausforderungen. Die Begriffe **Kundenorientierung** und **Serviceorientierung** gewinnen im Alltag stetig an Bedeutung, denn nur zufriedene Kunden erteilen uns auch weiterhin Aufträge.

Zielsetzung ist es, Konflikte bereits vor der Entstehung zu verhindern und entstandene Konflikte sachgerecht zu lösen.

© Springer Fachmedien Wiesbaden GmbH, ein Teil von Springer Nature 2023   123
R. Schwarz, *Sachkunde im Bewachungsgewerbe (IHK)*,
https://doi.org/10.1007/978-3-658-38142-4_6

Im Umgang mit Kunden steigert dies deren Zufriedenheit, beim Umgang mit Menschen im Dienst reduziert dies **Gefahren** durch **Früherkennung und Vermeidung** und kann z. B. eine Gewaltanwendung auf beiden Seiten verhindern.

▶ **Psychologie** ist die Lehre vom (sichtbaren) Verhalten und (nicht unmittelbar sichtbaren) Erleben (Gefühle usw.) des Menschen.

6.1   Grundlagen menschlichen Verhaltens

Kein Mensch gleicht dem anderen. Was für die äußere Erscheinung gilt, gilt ebenso für sein Verhalten. Dennoch liegen dem Verhalten stets die gleichen **Prinzipien** zugrunde und es wird durch die gleichen **Faktoren** beeinflusst.

6.1.1   Motive und Motivation

Ursache und Wirkung – das alte Prinzip gilt analog für menschliches Verhalten. Jedes Verhalten hat eine Ursache, ein **Motiv.**

Wir kennen den Begriff Motiv bereits aus dem Strafrecht (Vorsatz, der Wille, einen bestimmten Taterfolg herbeizuführen, z. B. Bereicherung) und weiten ihn an dieser Stelle auf das gesamte Verhalten des Menschen aus.

Motivation hingegen ist der Antrieb, die Aktivität, gewünschte Ziele (Motive) umzusetzen. Hier kommt also der **Handlungsaspekt,** die Umsetzung hinzu. Motivation wird dabei in der Regel durch mehrere Motive getragen.

Motive → Motivation → Verhalten

Umgekehrt lassen sich natürlich aus einem bestimmten Verhalten auch **Rückschlüsse** auf die Motivation (Motive) eines Menschen ziehen. Begeht jemand einen Betrug, war sein Handlungsmotiv höchstwahrscheinlich die Absicht, sich zu bereichern, und dazu kam die Gelegenheit und/oder Notwendigkeit, dies zu tun (siehe auch Abb. 6.1).

Abb. 6.1 Bedürfnispyramide nach Maslow

Eine weit verbreitete Theorie zur Erklärung menschlicher Bedürfnisse als Ausgangspunkt unseres Handelns (Motive) ist die **Bedürfnispyramide** von Maslow. Demnach streben wir zuerst danach, unsere Triebe wie Überleben, Hunger, Durst und den Sexualtrieb zu befriedigen. Erst, wenn diese Bedürfnisse befriedigt sind, streben wir nach „Höherem", nach sozialen Kontakten, Anerkennung und Selbstverwirklichung.

Folgende Unterscheidungen der Motivation sind in der Praxis üblich:

Motivation	
Primär (angeboren)	**Sekundär (erworben)**
Hunger Durst Überleben Sex	Anerkennung Materieller Wohlstand Süchte (Drogen usw.)
Innere	**Äußere**
Neugier Zufriedenheit Angst	Anerkennung Zuneigung Belohnung

Angeborene und innere Motivation wirken dabei stets stärker und nachhaltiger auf das menschliche Verhalten als erworbene und äußere Motivation. Angst wirkt also stets stärker als die Aussicht auf Belohnung, aber Achtung und Zufriedenheit werden so nicht erreicht.

6.1.2 Wahrnehmung

Wie wir gesehen haben, sind weder die Motive eines Menschen noch dessen Eigenschaften direkt erkennbar, können also nur indirekt aus seinem Verhalten geschlossen werden. Entscheidend ist demnach, wie wir eine Situation und einen Menschen wahrnehmen. Folglich beeinflusst diese Wahrnehmung unser Bild und damit unsere Reaktion.

Diese **Faktoren** beeinflussen unsere Wahrnehmung:

- die Funktion unserer fünf Sinne (Sehen, Hören, Riechen, Tasten, Schmecken)
- innere Faktoren wie eigene Motive, Wissen, Erfahrung, persönliches Befinden, Vorurteile
- äußere Faktoren wie Umwelt, Tageszeit, Ort
- bewusstes Denken, Interesse
- unbewusste Empfindungen, Hormone
- Situation, in der die Wahrnehmung stattfindet

In jedem Fall braucht es **Aufmerksamkeit** und **Konzentration,** um eine Situation vollständig und richtig zu erfassen. Lassen diese nach (Betriebsblindheit/Routine), kommt es unweigerlich zu Fehlern in der Wahrnehmung und damit auch zu Fehlern im Verhalten.

6.1.2.1 Menschenkenntnis

Ist die Fähigkeit, einem Menschen die richtigen Eigenschaften und Fähigkeiten auf der Grundlage der eigenen Wahrnehmung zuzuschreiben (ihn richtig einzuschätzen). Sie beruht im Wesentlichen auf Erfahrung, kann aber auch zu falschen Ergebnissen führen (siehe auch erster Eindruck und Vorurteile).

6.1.2.2 Erster Eindruck

Ist eine Form der Wahrnehmung, die unbewusst bei der ersten Begegnung mit einem Menschen unwillkürlich ein Bild entstehen lässt. Dies geschieht innerhalb kürzester Zeit (<30 s). Er ist deswegen so wichtig, weil das dabei entstehende Bild nur schwer wieder zu korrigieren ist, obwohl es natürlich nicht immer richtig ist.

Auf der anderen Seite haben wir durchaus die Möglichkeit, den ersten Eindruck, den wir anderen von uns vermitteln, zu beeinflussen, indem wir uns der Faktoren bewusst sind und uns entsprechend repräsentieren (Erscheinungsbild, Kleidung, Verhalten usw.). Man spricht hier auch von **Manipulation.** Diese Merkmale beeinflussen den ersten Eindruck:

- gesprochene Inhalte
- Körpersprache, Stimme und Ausdruck
- Alter und Geschlecht
- Äußere Erscheinung
- Verhalten

6.1.2.3 Vorurteile

Sind vorgefasste Meinungen, die meist ohne Prüfung von Dritten übernommen wurden und in einer Situation zu einer falschen Beurteilung einer Situation führen, da sie nicht auf Fakten beruhen. Die Folge ist eine Vorverurteilung und daraus resultierendes falsches Verhalten.

6.1.2.4 Selektive Wahrnehmung

Ist ein besonderes Phänomen in der Psychologie. Menschen nehmen, beeinflusst durch die obigen Faktoren, in bestimmten Situationen bewusst oder unbewusst nur einen Teil der vorhandenen Informationen wahr.

Dies kann beispielsweise in der Ermittlungsarbeit vorkommen, wenn die Ermittler zu früh eine bestimmte Theorie zum Tathergang entwickeln und die Fakten nicht objektiv, sondern subjektiv anhand der Theorie beurteilen und so unter Umständen zu falschen Schlussfolgerungen gelangen.

6.1.3 Selbstwertgefühl

Das Selbstwertgefühl entsteht aus der Wahrnehmung und Beurteilung der eigenen Person. Es ist damit das Ergebnis des **Selbstbildes,** das ein Mensch von sich hat, wohingegen die Wahrnehmung und Beurteilung durch andere das **Fremdbild** anhand bestimmter Kriterien zeichnen:

- Leistung (Erfolge, Misserfolge)
- Wissen
- Einkommen
- Status

Aus einer positiven Selbstbeurteilung resultieren **Selbstsicherheit** und **Selbstvertrauen.** Aus einer negativen Selbstbeurteilung hingegen resultieren **Minderwertigkeitsgefühle.**

Dabei ist selbstverständlich nicht immer alles offensichtlich und für jeden
einsehbar und nicht jedem wird bei der ersten Begegnung alles offenbart. Das
Johari-Fenster von Joe Luft und Harry Ingram verdeutlicht modellhaft, welche
Bereiche beim Selbst- und Fremdbild sichtbar und welche zunächst unsichtbar
sind:

Öffentliche Person	Blinder Fleck
(Allen bekannt)	(Anderen bekannt, mir unbekannt)
Mein Geheimnis	**Unbekanntes**
(Mir bekannt, anderen unbekannt)	(Mir und anderen unbekannt)

Mit dem Kennenlernen und dem Feedback von anderen werden der „Blinde
Fleck" und „Meine Geheimnisse" zunehmend kleiner. Vorausgesetzt, ich gebe
etwas von mir preis und nehme das Feedback an.

6.1.3.1 Selbstvertrauen
Ist das Vertrauen in die eigenen Fähigkeiten und bildet damit die Grundlage
für das eigene Handeln. Fehlt dieses Vertrauen, fühle ich mich bestimmten
Situationen nicht gewachsen oder handle falsch.

Entscheidend aber ist, dass ich meine Fähigkeiten richtig einschätze und mich
weder über- noch unterschätze. Es ist ebenso wichtig, die eigenen Schwächen zu
kennen wie die eigenen Stärken.

6.1.3.2 Selbstsicherheit
Ist eine Verhaltensweise, die Selbstvertrauen signalisiert. Insoweit ist sie eine
direkte Folge von Selbstvertrauen. Tritt sie übersteigert auf oder entspricht sie
nicht dem Grad der eigenen Fähigkeiten, kann sie schnell unglaubwürdig und
überheblich wirken und führt dann oft zu unsachlichem Verhalten. Ursache sind
meist Minderwertigkeitsgefühle.

6.1.3.3 Minderwertigkeitsgefühl
Resultiert aus einer negativen Selbstbeurteilung und führt zu fehlendem Vertrauen
in die eigenen Fähigkeiten und damit zu unsicherem Verhalten und Handeln.
Ursachen können Misserfolge, soziale Ablehnung oder die Fehleinschätzung der
eigenen Leistungen sein.

6.1.3.3.1 Fazit

Eine realistische Selbsteinschätzung führt zu einem angemessenen Selbstvertrauen und damit zu angemessenem Verhalten und Handeln.

6.2   Grundlagen der Kommunikation

6.2.1   Kommunikationsmodelle

Kommunikation ist der Austausch von Informationen zwischen einem Sender und einem Empfänger.

Kommunikationsmodelle
Kommunikationskreislauf
Eisbergmodell
Vier Seiten einer Nachricht

Soll Kommunikation vollständig sein, erfolgt auf das Senden einer Nachricht eine Rückkoppelung in Form eines Feedbacks (siehe Abb. 6.2).

Abb.   6.2   Kommunikationskreislauf
(Sender-Empfänger-Modell)

Man unterscheidet dabei zwei Arten der Übermittlung von Nachrichten, verbale (sprachliche) und nonverbale (nicht sprachliche). Wobei die nonverbale Kommunikation etwa 80 bis 90 % der gesamten Kommunikation ausmacht, die verbale hingegen nur etwa 10 bis 20 %.

Im Dienstalltag ist es daher wichtig, besonders auf die **Körpersprache** des Gegenübers zu achten und diese richtig zu deuten.

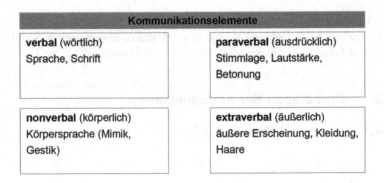

Kommunikationselemente	
verbal (wörtlich) Sprache, Schrift	**paraverbal** (ausdrücklich) Stimmlage, Lautstärke, Betonung
nonverbal (körperlich) Körpersprache (Mimik, Gestik)	**extraverbal** (äußerlich) äußere Erscheinung, Kleidung, Haare

Wie sich bei einem Eisberg der größte Teil unter der Wasseroberfläche befindet, findet Kommunikation zum größten Teil unter der sprachlichen Oberfläche – auf der unbewussten Ebene – statt. Nur ein geringer Teil erfolgt tatsächlich bewusst (**Eisbergmodell** nach Freud, von Ruch und Zimbardo).

Entscheidend ist demnach nicht nur, **was** ich sage, sondern auch, **wie** ich es sage: Stimme, äußere Erscheinung, Mimik und Gestik unterstützen meine Botschaft oder kehren sie gar ins Gegenteil.

Man stelle sich als extremes Beispiel einen kleinen und hageren, schlampig gekleideten Mann vor, der eine Weisung erteilt und dessen leise Stimme dabei vor Unsicherheit bebt.

Kombinieren wir den Kommunikationskreislauf mit den so genannten **Vier Seiten einer Nachricht,** einem Modell von Schulz von Thun, ergibt sich das in Abb. 6.3 dargestellte Bild.

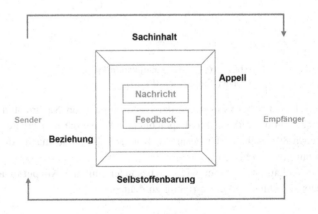

Abb. 6.3 Vier Seiten einer Nachricht

Dieses Modell verdeutlicht, dass mit einer **bewussten Nachricht** auch **unbewusst** drei weitere **Inhalte** gesendet werden (können). Das nachfolgende Beispiel soll dieses Prinzip „bewusst" machen:

Beispiel

Ihr Beifahrer sagt, kurz nachdem die Ampel auf Grün gesprungen ist: „Grüner wird es nicht." Dies ist die Nachricht.
Neben den eigentlichen Worten enthält diese Aussage noch weitere Inhalte:

1. Sachinhalt (Fakten): Die Ampel ist grün.
2. Selbstkundgabe (wie ich mich fühle, was ich darüber denke): Ich hab es eilig und will nicht warten.
3. Beziehung (wie ich zum Empfänger stehe): Nichts kannst du, immer muss man dir alles sagen.
4. Appell (Aufforderung): Fahr los!◄

6.2.2 Fehler in der Kommunikation

So vielschichtig wie Kommunikation ist, so vielfältig sind auch die Fehlerquellen. Kommunikation findet auf verschiedenen Ebenen statt, wobei die meisten Nachrichten unbewusst gesendet und empfangen werden. Ebenso entstehen natürlich auch die meisten Fehler bei Sender und Empfänger unbewusst.

Fehlerquellen der Kommunikation	
Sender	**Empfänger**
Übermittlungsfehler Schlechte Funkverbindung, laute Umgebung, undeutliche Aussprache usw.	**Empfangsfehler** Schlechte Funkverbindung, laute Umgebung, Schwerhörigkeit usw.
Übersetzungsfehler Wahl der falschen Sprache, Zeichen usw.	**Übersetzungsfehler** Versteht die Sprache, Zeichen nicht usw.
Absicht Verbergen der Absichten, Lügen usw.	**Absicht** Erkennt die Absicht nicht, lässt sich täuschen, verfolgt eigene Absichten usw.
Interpretationsfehler Die Situation, Beziehung zum Empfänger usw. wird falsch eingeschätzt, ich sage etwas, dass ich nicht sagen will usw.	**Interpretationsfehler** Der Inhalt der Nachricht wird falsch interpretiert, ich höre etwas, dass der Sender nicht gesagt hat oder nicht sagen wollte usw.

Sind sich **Sender und Empfänger** über die Fehlerquellen bewusst, können sie ihr Verhalten besser steuern.

Bewusste Kommunikation – das Bewusstsein für sich selbst, das jeweilige Gegenüber und die aktuelle Situation – kann viele dieser Fehler vermeiden. Kommt zu diesem Bewusstsein ein **Feedback** hinzu, lassen sich die meisten Fehler und damit Missverständnisse vermeiden.

6.2.3   Aktives Zuhören und Frageformen

Das aktive Zuhören ist eine Technik zur Vermeidung von Fehlern in der Kommunikation. Der Empfänger beschränkt sich dabei nicht auf die passive Aufnahme von Informationen, sondern gibt aktiv Feedback.

Aktives Zuhören		
Konzentrieren	→	Aufmerksamkeit auf den Sender, Blickkontakt, Nicken usw., keine spontanen Reaktionen, Entgegnungen, Kommentare usw., während der Sender spricht
Zusammen-fassen	→	Spiegelung des Gesagten durch eine kurze Zusammenfassung
Einladen	→	Interesse zeigen, bitten, mehr zu erzählen
Ernstnehmen	→	Keine Ratschläge, eigenen Beiträge, Wertschätzung der Gedanken des Senders
Klären	→	Überprüfen des Gehörten durch Fragen

Im Wesentlichen bedeutet aktives Zuhören neben dem Zeigen von Aufmerksamkeit und Interesse also Fragen zu stellen. Hierfür stehen uns verschiedene Fragformen zur Verfügung:

Fragformen		
Offene Fragen	→	W-Fragen, können nicht mit Ja oder Nein beantwortet werden, öffnen ein Gespräch „Wie meinen Sie das?"
Geschlossene Fragen	→	Beantwortung mit Ja oder Nein, ersticken ein Gespräch „Mögen Sie Kaffee?"
Alternativ-fragen	→	Lassen nur die gegebenen Antworten zu „Möchten Sie Kaffee oder Tee?"
Suggestiv-fragen	→	Beeinflussen den Gefragten in der Antwort durch Vorgabe der richtigen Antwort „Sie machen das doch gern, oder (etwa nicht)?"
Gegenfragen	→	Ohne selbst eine Antwort zu geben, wird eine Frage erwidert „Wie sehen Sie denn das?"

▶   Wer fragt, führt das Gespräch!

Schon mit dem Stellen von Fragen haben wir also die Möglichkeit, ein Gespräch
zu beeinflussen, indem wir die Antwort offen lassen (offene Fragen) oder eingren-
zen (geschlossene Fragen, Alternativfragen) oder gar vorgeben (Suggestivfragen).

6.2.4 Territorialverhalten und Distanzzonen

Die Distanz zum Gesprächspartner spielt in der Kommunikation eine nicht
unbedeutende Rolle. Insbesondere bei Konflikten kann eine Verletzung der
Distanzzonen (Eindringen in das persönliche Territorium) eskalierend wirken.

Distanzen
Intime Zone bis 0,6 Meter
Privatzone 0,6 bis 1,50 Meter
Geschäftliche Zone 1,50 bis 4,00 Meter
Öffentliche Zone ab 4,00 Meter

Wir wollen und müssen entscheiden können, wen wir wie nah an uns heranlas-
sen. Nimmt man uns diese Entscheidung ab, indem man uns ungefragt zu nahe
kommt, fühlen wir uns bedrängt oder gar bedroht. Deshalb fühlen wir uns z. B.
in Aufzügen und vollen Verkehrsmitteln immer etwas unwohl.

Im Dienst sollten Sie daher stets darauf achten, dass Sie die geschäftliche
Zone nur im Ausnahmefall verlassen und Ihrem Gesprächspartner nicht näher als
notwendig kommen.

6.3 Gesprächsführung

Als Sicherheitsmitarbeiter haben Sie in den unterschiedlichsten Situationen
Gespräche mit Menschen zu führen. Die vorstehenden Grundlagen der Kommunikation sollen Ihnen dabei helfen, diese Gespräche sachgerecht zu führen.

Der Verlauf ist immer abhängig von den **Motiven** der Beteiligten, der **Situation,** dem **Ziel,** das erreicht werden soll, und der **Gesprächsführung** selbst.
Dabei lassen sich typischerweise drei **Phasen eines Gespräches** unterscheiden:

1.	**Gesprächseröffnung** Begrüßung (Erster Eindruck) Vorstellung Namen des Gesprächspartners erfragen möglichst positiver Einstieg, ohne Aggression, offene Körperhaltung
2.	**Gesprächsführung** Grund des Gesprächs/Absicht nennen nach Möglichkeit begründen Gesprächsverlauf nach den Grundlagen der Kommunikation (Wahrnehmung, Kommunikationskreislauf, Vier Seiten einer Nachricht, Eisbergmodell, Fragetechniken, aktives Zuhören und Distanzzonen beachten) dem Gesprächspartner genug Raum für Äußerungen, Rechtfertigung lassen Wer fragt, führt!
3.	**Gesprächsabschluss** eventuell Zusammenfassung Ergebnisfeststellung Verabschiedung möglichst positiver Ausstieg

Gesprächsanlässe können z. B. sein:

- Zugangs- und Personenkontrollen
- Ermittlungen
- Hilfestellungen
- Gespräche mit dem Kunden
- Mitarbeitergespräche mit ihrem Vorgesetzten

Dabei ist es insbesondere in schwierigen Situationen wichtig, das Gegenüber richtig einzuschätzen und entsprechend das eigene Verhalten anzupassen, um Missverständnisse und Konflikte zu vermeiden.

6.4 Konflikte

Es gibt ebenso viele Anlässe für Konflikte, wie es Anlässe für Gespräche gibt. Ein Konflikt entsteht immer dann, wenn zwei gegensätzliche Interessen aufeinandertreffen.

▶ **Konflikt** ist die Auseinandersetzung zweier gegensätzlicher Interessen.

6.4.1   Arten von Konflikten

Konflikte können sich auf jede erdenkliche Person, Sache, Rechte, Normen und Wertvorstellungen, Meinungen und Ziele beziehen. Kurz gesagt, alles und jedes kann **Gegenstand eines Konfliktes** sein. **Beispielhaft** seien folgende fünf genannt:

- **Interpersonale Konflikte** (Konflikte zwischen mindestens zwei Personen)
- **Zielkonflikte** (gegensätzliche Ansichten über Ziele)
- **Rollenkonflikte** (gegensätzliche Ansichten über die Rolle und das Rollenverhalten)
- **Beziehungskonflikte** (gegensätzliche Ansichten über Inhalt, Art und Weise der Beziehung)
- **Generationenkonflikt** (Unterschiedliche Werte und Normen, Auflehnung gegen Ältere zur Identitätsfindung)

6.4.2   Entstehung von Konflikten

Bereits eine einfache Zugangskontrolle kann zum Konflikt werden, wenn der Zutritt verweigert werden muss (Interesse zu passieren ↔ Interesse Zugang nur unter bestimmten Voraussetzungen zu gewähren).

Im Sicherheitsdienst kennen wir drei grundsätzliche **Anlässe,** die zur Entstehung von Konflikten führen können:

- Konflikte, zu denen ein Mitarbeiter gerufen wird (Nachbarschaftsstreit)
- Konflikte, die durch einen Mitarbeiter entstehen (Zugangskontrolle)
- Konflikte im Innenverhältnis (Konflikte unter Mitarbeitern oder mit Vorgesetzten)

Anzeichen für einen entstehenden Konflikt können sein:

- **verbal** (Themenwechsel, veränderte Wortwahl usw.)
- **nonverbal** (Gestik, Mimik, Anspannung, Zurückweichen, Lautstärke, Tonlage usw.)

Jedoch sind solche Signale fast nie eindeutig als Anzeichen eines bevorstehenden Konflikts erkennbar. Umso wichtiger ist es, auf Signale und Verhaltensänderungen zu achten und kommunikativ einzugreifen.

6.4.3 Stress, Frustration und Aggression

Eine Ursache für Konflikte können Aggressionen sein, die aus Stress oder Frustration resultieren. Hingegen können Stress und Frustration auch von ungelösten (Vermeidung oder Unterdrückung) Konflikten herrühren.

6.4.3.1 Frustration

Ist ein stark negatives Gefühl, das entsteht, wenn ein Mensch seine angestrebten Ziele nicht verwirklichen kann. Die Frustration ist dabei umso größer, je wichtiger das Ziel, je mehr Energie bereits in die Verwirklichung gesteckt wurde und je häufiger Hindernisse auftauchen. In der Folge können eine aggressive Stimmung und aggressives Verhalten entstehen, aber auch Minderwertigkeitsgefühle und Krankheiten.

6.4.3.2 Aggression

Ist ein Verhalten, das darauf abzielt, andere Menschen und deren Interessen zu verletzen oder zu zerstören, entweder körperlich oder verbal. Dabei kann sich die Aggression ersatzweise auch gegen andere Menschen oder Sachen richten (Vandalismus), wenn die eigentliche Ursache der Aggression nicht „verfügbar" ist (z. B. der Chef).

6.4.3.3 Stress

Ist eine Überlastung oder Überbeanspruchung des Körpers oder des Geistes durch lang anhaltende negative Reize wie Lärm, Misserfolge, Zeitdruck, soziale Ausgrenzung, Mobbing usw. Auch hieraus kann aggressives Verhalten entstehen, es führt aber auch oft zu physischen und psychischen Krankheiten (Burnout, Magenkrankheiten usw.).

6.4.4 Konfliktverlauf

Das Ebenenmodell zur Analyse von Konflikten von Friedrich Glasl verdeutlicht gut die Entstehung und den Verlauf von Konflikten. Das neunstufige Modell kennt drei Ebenen, die die folgende Abbildung zeigt:

Konfliktverlauf nach Friedrich Glasl
1. Verhärtung der Standpunkte
2. Polarisation und Debatte
3. Schaffung von Tatsachen
4. Abwertung der anderen Seite, Suche nach Verbündeten
5. Selbstgerechtigkeit sowie Gesichtsverlust
6. Drohungen und Machtdemonstration
7. Legitimierung von Gewalt
8. Vernichtung des Gegners als Bedingung des Überlebens
9. Totale Konfrontation

In den ersten drei Phasen herrscht eine **Win-Win-Situation,** es gibt keine Verlierer und beide Seiten sind (noch) zufrieden. In der vierten bis sechsten Phase herrscht eine **Win-Lose-Situation,** es gibt mindestens einen Gewinner und einen Verlierer. In den letzten drei Phasen herrscht hingegen eine **Lose-Lose-Situation,** es gibt keine Gewinner mehr. Alle Seiten verlieren und nehmen Schaden an dem Konflikt.

6.4.5 Deeskalation

Deeskalation ist eine Aufgabe des **Konfliktmanagements** mit dem Ziel, Konflikte in ihrer Entstehung zu verhindern bzw. zu lösen.

Je früher in einen entstehenden Konflikt eingegriffen wird, umso wahrscheinlicher gelingen eine Unterbrechung der fortschreitenden Eskalation und eine sachgerechte Lösung.

Insbesondere in den ersten drei Phasen ist dies aufgrund der Win-Win-Situation gut möglich, da beide Seiten ihr Gesicht wahren können.

- Trennung der Konfliktparteien, insbesondere bei Gewalt
- ruhig und gelassen bleiben
- Emotionen herauslassen oder abschwächen
- Verständnis für das Gegenüber signalisieren
- Ursachen des Konflikts erfragen
- sachlich bleiben und argumentieren

- die Regeln der Kommunikation beachten (aktives Zuhören, unterbewusste Botschaften bewusst machen usw.)
- gemeinsam einen Kompromiss suchen und Regeln festlegen

Exkurs: Dickes-Fell-Konzept

Dieses Konzept stammt aus einer Veröffentlichung von Prof. Fritz Hücker aus dem Jahr 1997 und kann helfen, in einer Konfliktsituation ruhig zu bleiben und den Konflikt zielgerichtet zu deeskalieren und zu lösen.

Dickes-Fell-Konzept
Eigene emotionale Befindlichkeit beeinflussen
Etwas unerträglich, nicht hinnehmbar finden, empört sein usw.
Die Sicht des anderen einnehmen
Wie sieht mein Gegenüber das und warum?
Enttäuschungsschwelle erhöhen
Bewusst über Enttäuschungen hinwegsehen, Gesagtes nicht persönlich nehmen, über der Situation stehen
Aggressionstoleranz erhöhen
Dinge überhören oder bewusst positiv interpretieren, Beleidigungen nicht auf sich beziehen, sich nicht provozieren lassen usw.

Das vollständige Konzept finden Sie auf den Internetseiten der Verwaltungsberufsgenossenschaft oder im genannten Buch.

6.5 Verhalten in bestimmten Situationen

6.5.1 Gruppen

Unter **sozialen Gruppen** versteht man eine Anzahl von Personen, die in einer bestimmten Beziehung zueinander stehen, gemeinsame Ziele verfolgen und eigene Werte und Normen haben.

6.5.1.1 Formelle Gruppen

Als formelle Gruppe werden Gruppen bezeichnet, deren Zusammensetzung, Struktur und Normen von außen vorgegeben sind (z. B. Schicht, Team usw.). Geführt werden sie von einem formellen Gruppenführer (Schichtführer, Teamleiter usw.).

6.5.1.2 Informelle Gruppen

Informelle Gruppen finden sich freiwillig, meist zur Verfolgung eines gemeinsamen Zieles, zusammen, verfügen aber ebenso wie formelle Gruppen auch über Strukturen, Normen und einen Führer (Interessengemeinschaften, Protestgruppen, Jugendbanden usw.).

6.5.1.3 Verhalten gegenüber Gruppen

Beiden Formen ist gemein, dass ein Zusammentreffen stets ein Zusammentreffen mit der Gruppe ist. Ziel einer Ansprache sollte daher immer der Gruppenführer sein (möglichst unter vier Augen), da er in aller Regel die Entscheidungen für die Gruppenmitglieder trifft.

Ebenso wird eine Konfrontation mit einem einzelnen Gruppenmitglied eine Einschaltung der gesamten Gruppe nach sich ziehen, hier sind folglich ein höheres Konfliktpotenzial und eine erhöhte Gefahr für Sicherheitsmitarbeiter beim Einschreiten gegeben.

Insbesondere Drohungen und Einschüchterungsversuche werden die Gruppe nur mehr zusammenschweißen, der Sicherheitsmitarbeiter wird schnell zu einem gemeinsamen Feindbild der Gruppe und eine Eskalation in der Folge wahrscheinlicher.

6.5.2 Verhalten bei Menschenmengen und Panik

Gegenüber Gruppen sind Menschenmengen nur lockere Ansammlungen von Personen, die über keine gemeinsamen Beziehungen, Strukturen oder Normen verfügen. Meist hat ihr Zusammentreffen jedoch ein **gemeinsames Ziel** oder einen **gemeinsamen Zweck.**

- Demonstrationen
- Veranstaltungen
- Passanten in einem Einkaufszentrum
- Schaulustige an Unfall- oder Tatorten

Gerät eine Menschenmenge durch einen Auslöser wie Angst, eine Explosion, ein Feuer oder das Auftreten von Sicherheitskräften in Bewegung, spricht man von einer **akuten Masse.** Akute Masse

Panik

In der Folge kann es leicht zu einer **Panik** kommen, in der sich die Menschenmenge nicht mehr oder nur noch schwer kontrollieren und lenken lässt. Die Masse ist dann gekennzeichnet durch:

• Herabgesetzte Beobachtungs- und Urteilsfähigkeit (Herdentrieb)
• Starke Gefühlsbetontheit (Überlebenstrieb)
• Plötzliche, unkontrollierte Reaktionen und Bewegungen

▶ **Panik** ist ein Zustand intensiver Angst vor einer tatsächlichen oder angenommenen Bedrohung. Dabei kann die Panik nur einzelne Menschen oder eine Menschenmenge betreffen.

Ursache ist der starke Überlebensinstinkt des Menschen. Instinktiv versucht er vor einer drohenden Gefahr zu fliehen und blendet dabei alle dafür nicht wesentlichen Dinge aus, was zu einer reduzierten Verstandesfunktion führt. Insbesondere bei Veranstaltungen in geschlossenen Räumen wie z. B. bei Konzerten ist das Risiko einer Panik hoch.

Erscheinungsformen der Panik		
Panikstimmung	**Panikstarre**	**Paniksturm**
Zustand intensiver Angst vor einer bestimmten oder unbestimmten Gefahr – meist unbestimmtes Gefühl einer lebens- bedrohlichen Situation	Bewegungs- losigkeit des Körpers durch Panik oder einen Schockmoment	Meist durch einen Auslöser verursachte Flucht (der Masse) vor der als lebensbedrohlich empfundenen Gefahr

Flaschenhalseffekt
Läuft die Bewegung in geschlossenen Räumen auf Notausgänge oder bei Freiflächen auf Ausgänge oder Zaundurchlässe zu, kann es dabei zum so genannten Flaschenhalseffekt kommen, indem die Ausgänge durch die flüchtende Menge verstopft werden. Ähnlich wie bei einem Trichter, den man zu schnell füllt, so dass der Inhalt nicht schnell genug abfließen kann.

Verhaltensempfehlungen
Droht eine Panik, sind Sicherheitsmitarbeiter vor Ort in besonderem Maße gefordert. Ihr besonnenes Einschreiten kann im Zweifel über Leben entscheiden, indem Sie:

- Beruhigend auf die Menschenmenge einwirken (Lautsprecherdurchsagen usw.)
- Überblick und Ruhe bewahren
- Kurze und präzise Anweisungen erteilen
- Bewegung der Menge verlangsamen oder stoppen
- Die Menge nach Möglichkeit in kleinere Gruppen aufteilen

Einsatzplanung
In jedem Fall muss eine Einsatzplanung die Möglichkeit einer Panik berücksichtigen und entsprechende Gegenmaßnahmen vorsehen. Die Verhinderung einer Panik durch geordnete Evakuierung muss dabei oberste Priorität haben:

- Einweisung und Information des Sicherheitspersonals
- Ausreichend große und beleuchtete Notausgänge
- Freie Rettungswege
- Die Möglichkeit die Masse anzusprechen und Weisungen zu erteilen (Lautsprecheranlage usw.)

6.5.3   Jugendliche

Jugendliche (Heranwachsende) verhalten sich meist anders, als Erwachsene dies tun, erwarten selbst aber, als solche behandelt zu werden. Neben dem eigentlichen Generationenkonflikt spielen noch andere Faktoren eine Rolle in ihrem Verhalten:

- noch in der Selbstfindung begriffen (Ich, Status, Werte und Normen), daher oft etwas unsicher
- oft sehr impulsiv, unbedacht im Handeln
- anfälliger für Gruppenverhalten (Mutproben usw.)
- fehlende Lebenserfahrung (Abschätzung von Konsequenzen usw.)

Daraus ergeben sich folgende Handlungsempfehlungen:

• Erinnern Sie sich an sich selbst, als Sie in dem Alter waren
• Ruhe bewahren und nicht provozieren lassen
• nicht belehren („Mutter raushängen lassen")
• Verständnis zeigen
• in deren Vorstellungswelt argumentieren
• Lösung vorschlagen lassen

6.5.4 Senioren

Senioren sind gewissermaßen das zeitliche Gegenteil von Jugendlichen und unterscheiden sich in ihrem Verhalten naturgemäß entsprechend. Ihr Verhalten ist geprägt durch:

• körperliche Einschränkungen möglich (Beweglichkeit, Hör- und Sehvermögen)
• oft starker Wunsch nach Selbstständigkeit, Angst, eine Belastung zu sein
• große Lebenserfahrung (Rechthaberei, Starrsinn usw.)
• geistige Einschränkungen möglich (Aufnahme-, Merkfähigkeit)

Daraus ergeben sich folgende Handlungsempfehlungen:

• Sprechtempo und Lautstärke anpassen, wenn nötig
• Respekt vor Alter und Lebenserfahrung zeigen
• keine Hilfe aufdrängen

6.5.5 Alkoholisierte Personen

Die wohl schwierigste Klientel für Sicherheitsmitarbeiter sind angetrunkene Personen. Im Grunde kann man sagen, dass ihr Verhalten eine ungesunde Mischung aus übermütigem jugendlichem Verhalten und dem körperlichen und geistigen Zustand einiger Senioren darstellt: Alkoholisierte Personen

• alkoholbedingte körperliche und geistige Einschränkungen (Motorik, Sprache, Aufmerksamkeit, Merkfähigkeit usw.)
• übermütig und uneinsichtig

- starke Stimmungsschwankungen möglich
- starkes Aggressions- oder Depressionspotenzial

Daraus ergeben sich folgende Handlungsempfehlungen:

- Ruhe bewahren und nicht provozieren lassen
- Verständnis zeigen
- Lösung vorschlagen lassen
- Sprechtempo und Lautstärke anpassen, wenn nötig
- keine Hilfe aufdrängen

6.5.6 Personen fremder Kulturen oder Herkunft

Wie wir im Sender-Empfänger-Modell der Kommunikation gesehen haben, spielen Werte und Normen eine große Rolle bei der Interaktion von Menschen.

Schwierig wird es besonders dann, wenn diese Werte und Normen (Stellung der Frau, Rechtsempfinden, Vorurteile usw.) zweier Gesprächspartner nicht übereinstimmen.

Hier kann es schnell zu gravierenden Missverständnissen und Konflikten kommen (unterschiedliche Bedeutung/Interpretation von Körpersprache und Worten usw.). Oft kommt bei diesen Personen noch die Sprachbarriere hinzu, da insbesondere Touristen nicht selten schlecht oder gar kein Deutsch sprechen.

- Vermeidung von Schablonendenken und Vorurteilen
- kulturelle und religiöse Unterschiede respektieren
- Sprechtempo und Lautstärke anpassen, wenn nötig, keinen Dialekt sprechen
- sicherstellen, dass gleiches Verständnis herrscht
- wenn nötig, Sprachmittler einschalten

6.6   Eigensicherung

„Vorsicht ist die Mutter der Porzellankiste" und Vorsicht sollte jedem Sicherheitsmitarbeiter zur zweiten Natur werden. Es gibt keine Situation im Arbeitsalltag, die nicht (auch plötzlich) eskalieren und zu einer Gefahr werden könnte.

Grundsätze der Eigensicherung
Gefahrenbewusstsein
Gefahrenerkennung
Ausbildung und Training (Taktik, Ausrüstung, Situationstraining)
Einsatzbereite Ausrüstung
Ungeteilte Aufmerksamkeit, keine Routine aufkommen lassen
Realistische Lagebeurteilung
Ein gesundes Misstrauen
So viel Abstand wie der Auftrag es zulässt
Eingreifen nur bei zahlenmäßiger Überlegenheit, wenn möglich Verstärkung abwarten
Permanente Absprache im Team
Information der Leitstelle
Umfeld ständig beobachten
Einem Verdächtigen niemals den Rücken zuwenden

Wir sind daher gut beraten, jede Situation auch als solche zu betrachten und ihr mit voller Aufmerksamkeit zu begegnen. Routine, übertriebene Selbstsicherheit (Überschätzung) und eine falsche Lagebeurteilung (Unterschätzung) sind dabei die häufigsten Fehler.

Beispiel für die Stellung bei einer Personenkontrolle durch zwei Sicherheitsmitarbeiter:

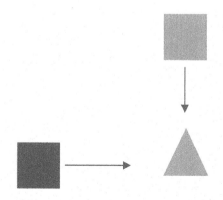

Die beiden Mitarbeiter (■) stehen dabei im rechten Winkel zu der Person, die kontrolliert werden soll (▲). Ein Mitarbeiter führt die Kontrolle durch, während der andere sichert und den Schauplatz, das Umfeld und den Verdächtigen im Auge behält.

Der Sichernde hat dabei einen etwas größeren (Sicherheits-)Abstand als der Kontrolleur. Wichtig ist, dass beide sich bei (vor!) Bewegungen absprechen und verhindern, dass der Verdächtige in den toten Winkel gerät oder die Umgebung nicht mehr ausreichend beobachtet werden kann.

Grundzüge der Sicherheitstechnik 7

Um den bestmöglichen Schutz zu gewährleisten, reicht die personelle Bewachung allein nicht aus. Nur im Zusammenspiel mit technischen Schutzmaßnahmen kann eine optimale Sicherheit erreicht werden.

Moderne **Sicherheitskonzepte** bestehen daher aus drei aufeinander abgestimmten Maßnahmepaketen. Technische (mechanische und elektronische), organisatorische und personelle Schutzmaßnahmen (**TOP-Prinzip**).

Sicherheitskonzept (TOP)
Technische Maßnahmen
Organisatorische Maßnahmen
Personelle Maßnahmen

7.1 Das Drei-Säulen-System

Sicherheit basiert demnach auf drei Säulen. Dies sind mechanische Sicherungen, elektronische Sicherungen und organisatorische (personelle) Maßnahmen und Risikomanagement.

Entscheidend hierbei ist, dass alle Bereiche aufeinander abgestimmt sind, regelmäßig auf Aktualität geprüft und angepasst und auch entsprechend umgesetzt werden.

Die folgende Übersicht zeigt das Drei-Säulen-System mit entsprechenden Beispielen in der Umsetzung.

© Springer Fachmedien Wiesbaden GmbH, ein Teil von Springer Nature 2023
R. Schwarz, *Sachkunde im Bewachungsgewerbe (IHK)*,
https://doi.org/10.1007/978-3-658-38142-4_7

Drei Säulen der Sicherheit		
Mechanisch	**Elektronisch**	**Organisatorisch**
Zäune	EMA	Risikoanalyse
Gitter	BMA	Verantwortlich-
Sicherheits-	ZKS	keiten
verglasung	Videoüberwachung	Vorschriften
Schließanlagen	Kommunikations-	Pläne
Tresore	mittel	Meldewege
Wertbehälter		

7.2   Mechanische Sicherheitseinrichtungen

Die erste Gruppe der technischen Schutzmaßnahmen bilden die mechanischen Sicherheitseinrichtungen. Dies sind im Wesentlichen bauliche Maßnahmen, die durch den Einsatz bestimmter Materialen (z. B. Sicherheitsglas), die Verwendung spezieller Bauelemente (Zäune, Schlösser) und die Gebäudegestaltung selbst (Personenschleusen) die Sicherheit erhöhen sollen.

Typischerweise unterscheidet man solche Elemente nach dem **Widerstandswert** und dem **Widerstandszeitwert** und teilt sie in entsprechende Klassen **(Widerstandsklassen)** ein.

▶ **Widerstandswert** ist ein numerischer Wert in Widerstandseinheiten (WE), der typisiert durch eine Prüfung ermittelt wird und die Einteilung in Widerstandsklassen erlaubt.

Die Einteilung von z. B. Wertschränken kennen wir bereits aus den Vorschriften des Waffengesetzes zur Aufbewahrung von Schusswaffen und Munition.

▶ **Widerstandszeitwert** ist die Zeit, die ein fachkundiger Täter mit Hilfe bestimmter Werkzeuge benötigt, um eine Barriere (z. B. Fenster) zu überwinden.

Dem Widerstandszeitwert wird im Sicherheitskonzept üblicherweise die **Interventionszeit** gegenübergestellt: Die Zeit, die der Sicherheitsdienst benötigt, um nach Auslösung eines Alarmes am Tatort zu sein.

Im Idealfall sollte die Interventionszeit folglich kleiner sein als der Widerstandszeitwert, um einen Täter von der Tat abhalten zu können (auf frischer Tat anzutreffen, siehe auch StGB).

7.2.1 Einfriedungen

Aus dem Straf- und dem Waffenrecht (Hausfriedensbruch, Führen von Schusswaffen) kennen wir bereits den Begriff des befriedeten Besitztums, das als Voraussetzung vollständig von einer Einfriedung umschlossen sein muss. Neben dem Schutz vor unbefugtem Eindringen haben Einfriedungen also auch den Zweck, die Grenze des Besitztums zu markieren.

Arten von Einfriedungen
Mauern
Zäune

7.2.1.1 Mauern

Gerade in älteren Objekten finden sich häufig noch Mauern. Soweit sie eine **Mindesthöhe** von 2,50 m und eine glatte **Oberfläche** aufweisen, bieten sie einen guten Schutz, da es nur mit großem Aufwand möglich ist, eine Öffnung herzustellen. Insbesondere bei Bedrohungslagen, z. B. durch den Anprall von Fahrzeugen, sind sie sehr gut geeignet.

Zudem bieten Mauern, wo dies aus Sicherheitsgründen erforderlich ist, einen guten **Sichtschutz**.

Nachteile sind die hohen Baukosten und -zeiten und die schlechte **Einsehbarkeit**. Angreifer, die sich außerhalb der Mauer befinden, können in der Regel nur mit Videotechnik erkannt werden, bei Streifengängen ist die Sicht auf den Außenbereich versperrt.

7.2.1.2 Zäune

Die am häufigsten verwendeten Einfriedungen sind Zäune. Gerade wegen der niedrigeren Baukosten und -zeiten und der besseren **Einsehbarkeit** werden sie bei neuen Objekten bevorzugt eingesetzt. Dabei ist auch hier eine **Mindesthöhe** von 2,50 m einzuhalten.

Ist aus Sicherheitsgründen ein Sichtschutz erforderlich, kann dieser zusätzlich angebracht werden. Sicherheitszäune unterscheidet man in:

- Maschendrahtzäune
- Drahtgitterzäune
- Stahlgitterzäune
- Stahlprofilrahmenzäune
- Streckmetallzäune

Provisorische Zäune (Bauzäune) und Holzzäune werden als Sicherheitszäune nicht verwendet, da ihr Widerstands(-zeit)wert zu gering ist.

7.2.1.3 Zusätzliche Sicherungen
Einfriedungen können je nach Sicherheitslage und -bedürfnis mit zusätzlichen Sicherungen gegen Übersteigen, Durchtrennen/, Unterkriechen/Untergraben und Durchreichen ausgestattet werden.

- Übersteigschutz (Stacheldraht, angewinkelte Bauart)
- Verwendung besonders gehärteter Materialen und innen liegende Elemente
- Fundamente und Sperren im Erdreich (30 bis 80 cm Tiefe)
- Kleine Maschenweite (bis 5 cm)

7.2.2 Durchlässe

Ohne Türen, Tore und Einfahrten wäre das Betreten und Verlassen eines Objektes sehr beschwerlich. Sie sind für die Funktion daher unabdingbar.

Arten von Durchlässen
Ein- und Ausfahrten (Zufahrten)
Ein- und Ausgänge (Zugänge)
Fenster

Gleichzeitig stellen sie aber die **Achillesferse baulicher Sicherheitsmaßnahmen** dar. Aus sicherheitstechnischer Sicht sind sie damit ein notwendiges Übel, das besondere Aufmerksamkeit und besondere Sicherheitsmaßnahmen erfordert.

Hieraus ergibt sich der erste Grundsatz: So wenig Durchlässe wie möglich, so viele wie nötig.

7.2.2.1 Ein- und Ausfahrten

Zur Sicherung von Ein- und Ausfahrten gibt es verschiedene Systeme, deren Einsatz auch davon abhängt, ob und wie der Fahrzeugverkehr kontrolliert werden soll.

- manuelle Handschranken und elektronische Schrankensysteme
- Sperrpfosten und -gitter
- Roll- und Gittertore

7.2.2.2 Ein- und Ausgänge

In der Regel werden Ein- und Ausgänge zu Gebäuden durch Türen gesichert. Je nach Sicherheitslage werden dafür so genannte **einbruchhemmende Türen** verwendet, die in unterschiedlichen Widerstandsklassen erhältlich sind. Bestandteile von einbruchshemmenden Türen sind:

- Türrahmen/Stahlzarge
- Türbänder (gegen Aushebeln gesichert)
- Türblatt (verstärkt)
- Türschloss (mit Beschlag bündig verbaut, Aufbohrschutz)
- Drückergarnitur (evtl. außen nur Knauf)
- Beschlag (gegen Abschrauben gesichert)
- Schließblech (gegen Aufhebeln gesichert)
- Türspion

Zusätzlich kann die Sicherheit mit weiteren Schlössern und einer (Video-) Gegensprechanlage erhöht werden (siehe Schlösser und Schließanlagen und elektronische Sicherheitssysteme).

In besonderen Bedrohungslagen und für besonders sicherheitsempfindliche Bereiche kann der Schutz darüber hinaus auch gegen Beschuss und die Wirkung von Sprengstoffexplosionen notwendig sein.

Eine weitere Möglichkeit, Ein- und Ausgänge zu sichern, besteht darin, **Personenvereinzelungsanlagen** zu installieren. Sie sollen die schnelle und sichere Zutrittskontrolle bei hohem Personenaufkommen ermöglichen (Werksgelände, öffentliche Gebäude, Flughäfen usw.). Gegenüber Türen haben sie den Vorteil, dass immer nur eine Person Zutritt erhält, ich kann also niemanden mit hineinnehmen. In Kombination mit elektronischen Zutrittskontrollsystemen stellen sie den wirkungsvollsten Schutz gegen unbefugtes Betreten dar.

- Dreiarm-Drehsperre
- Schwenktür oder -schranke
- Drehkreuz
- Drehtür
- Personenschleuse

Schleusen werden von jeweils einer Tür nach außen und innen verschlossen, wovon immer nur eine geöffnet sein darf. Nach dem Betreten der Schleuse wird die äußere Tür geschlossen und erst dann die innere geöffnet. Der Zugang von außen wird für die nächste Person erst wieder geöffnet, wenn der Schleusenbereich leer ist.

Auch **Drehtüren oder -kreuze** werden in der Praxis meist mit einem Zutrittskontrollsystem kombiniert. Nach Überprüfung der Zutrittsberechtigung lassen sich die Tür oder das Kreuz kurzzeitig in die Gehrichtung drehen – soweit, dass genau eine Person hindurchgehen kann. Anschließend verriegelt der Mechanismus sofort wieder und es ist eine erneute Zutrittsprüfung erforderlich.

In Fluchtrichtung aus dem Gebäude hinaus (Brandschutz) sind beide Systeme in der Regel frei geschaltet, so dass Personen jederzeit ungehindert passieren können.

7.2.2.3 Fenster

Auch Fenster bieten eine ideale Angriffsfläche für Eindringversuche oder andere Straftaten, daher sind sie wie Türen je nach Bedarf nicht nur gegen Einbruch, sondern auch gegen Durchwerfen, Durchschießen und gegen Sprengstoffexplosionen zu sichern.

Unterschieden wird **Sicherheitsglas** in Einscheibensicherheitsglas (ESG) und Verbundsicherheitsglas (VSG).

Verbundsicherheitsglas besteht aus mindestens zwei durch eine Folie fest miteinander verbundenen Scheiben. Zerbricht eine der Scheiben, hält die Verbindungsfolie die entstehenden Glassplitter fest und kann so Verletzungen verhindern. Besonders gut ist dieser Effekt bei verunfallten Kfz zu beobachten, die gebrochene Scheibe ist meist noch an einem Stück und häufig sogar noch im Rahmen.

Reines Sicherheitsglas hat neben dem Schutz vor Verletzungen keine weitere Schutzwirkung. Soll je nach Gefahrenlage zusätzlich Schutz gegen manuelle

Einwirkung erreicht werden, ist **Sicherheitssonderverglasung** zu verwenden. Sie unterscheidet sich u. a. durch die Scheibendicke und zusätzlich verwendete Verbundkomponenten von einfachem Sicherheitsglas.

- Widerstand gegen manuelle Angriffe (DIN EN 356)
- Widerstand gegen Beschuss (DIN EN 1063)
- Widerstand gegen Sprengwirkung (DIN EN 13541)

Insbesondere bei Fenstern, die nach außen auf öffentlich zugängliche Bereiche zeigen, ergibt sich eine solche Notwendigkeit. Aber auch im inneren eines Objektes z. B. für Hochsicherheitsbereiche kann dies sinnvoll sein.

Verbaut wird Sicherheitssonderverglasung in der Regel zusammen mit **einbruchhemmenden Fensterelementen** (Rahmen, Schließung), die einem Aufhebeln und anderen Angriffen mit Werkzeugen widerstehen.

Darüber hinaus können Fenster noch zusätzlich mit Fenstergittern, Schlössern und/oder Fensterläden (Rollläden) gesichert werden.

- Stabile Fensterflügel und -rahmen
- Stabile Beschläge und Bänder
- Sichere Schließung
- Sichere Befestigung der Verglasung
- Zusätzliche Sicherungen nach Bedarf

7.2.3 Schlösser und Schließanlagen

Heutzutage finden wir in den meisten Objekten Schließanlagen – **Schließsysteme,** die aus mehreren Schlössern bestehen, die in einem organisatorischen und funktionalen Zusammenhang stehen.

Bei den **Schlössern** handelt es sich je nach System und Sicherheitserfordernis um **Buntbartschlösser** oder **Zylinderschlösser** als am häufigsten verwendete und sicherere Form. Generell gelten folgende Sicherheitskriterien:

- Funktionssicherheit
- Nachschließsicherheit (bei Verwendung ähnlicher Schlüssel)
- Aufsperrsicherheit (gegen Angriffe mit Sperrwerkzeugen)
- Aufbohrschutz
- (Kern-)Ziehschutz (Schutz gegen Herausziehen)

Darüber hinaus finden wir heute in vielen Objekten auch eine Kombination aus mechanischen Schließzylindern und elektronischen Schlüsseln (Schlüsselkarten). Diese **mechatronischen Systeme** sind vom Sicherungswert vergleichbar mit herkömmlichen Zylinderschlössern, in der Organisation und Wartung aber viel einfacher zu handhaben (Sperrung bei Verlust, Änderung von Zugangsberechtigungen usw.).

Nach der Funktion der Schlüssel werden die in der folgenden Übersicht aufgeführten Schließanlagen unterschieden:

Schließanlagen		
Zentral-schlossanlage	→	Alle Schlüssel schließen zentrale Schlösser (Eingangstür, Gemeinschaftsräume usw.), aber jeweils nur ein weiteres Schloss (Wohnung, Büro usw.), z. B. für Mehrfamilienhäuser Bürogebäude
Hauptschlüssel-anlage	→	Alle Schlüssel schließen jeweils nur ein Schloss, ein oder mehrere Hauptschlüssel schließen alle Schlösser, z. B. für Schulen Einzelne Bürotrakte
General-Haupt-schlüsselanlage	→	Mehrere Hauptschlüsselanlagen werden unter einem General-Hauptschlüssel zusammengefasst, der alle Schlösser schließt, die Hauptschlüssel aber nur innerhalb ihrer Bereiche (Gruppen), z. B. für Hotels Krankenhäuser

Die vorstehenden Beispiele sind jeweils Reinformen, die je nach Bedarf kombiniert werden können.

Gegenüber einzelnen Schlössern haben **Schließanlagen** den Vorteil, dass wenige Schlüssel (im Idealfall nur einer) den Zutritt zu einer Vielzahl von Bereichen ermöglichen und die Verwaltung der Zutrittsberechtigungen (Vergabe, Entzug, Definition des Schließbereichs) vereinfacht wird.

7.2.3.1 Umgang mit Schlüsseln und Karten

Schlösser und Schließsysteme erfüllen ihren Zweck nur dann, wenn sichergestellt ist, dass niemand unbefugt an die zugehörigen Schlüssel oder Karten gelangt. Daher muss der sichere Umgang mit Schlüsseln und Zugangskarten gewährleistet sein:

• Aufbewahrung in gesicherten Depots oder Schränken
• Nachweisführung (Schlüsselbuch)
• Schutz vor Verlust beim Transport
• Keine klare Bezeichnung auf den Schlüsseln

7.2.4 Wertbehältnisse und Wertschutzräume

Zur Aufbewahrung und zum Transport von Wertgegenständen werden in der Regel so genannte Wertbehältnisse (Tresore) eingesetzt. Sollen größere Gegenstände oder Mengen aufbewahrt werden, geschieht dies in so genannten Wertschutzräumen (Tresorräumen).

Diese Art der Aufbewahrung ist entweder vorgeschrieben oder erfolgt freiwillig zum Schutz wertvoller Gegenstände:

• Vorschriften zum Geheimschutz (VS-Papiere)
• Vorschriften durch Versicherungen
• gesetzliche Vorgaben (Waffen, Datenschutz)
• Geld, Schmuck, Wertpapiere usw.
• Schlüssel und Zugangskarten

Ihre **Klassifizierung** erfolgt in ähnlicher Weise wie beim Sicherheitsglas in verschiedene Widerstandsklassen. Durch standardisierte Prüfungen wird ermittelt, in welcher Zeit und mit welchem Aufwand (Werkzeuge und Fachwissen) der Behälter aufgebrochen werden kann.

7.3 Elektronische Sicherheitseinrichtungen

Die zweite Gruppe technischer Sicherheitsmaßnahmen bilden elektronische Sicherheitssysteme.

Elektronische Sicherheitseinrichtungen
Zutrittskontrollsysteme
Videoüberwachung
Gefahrenmeldeanlagen
Wächterkontrollsysteme

Sie verstärken mechanische Einrichtungen und unterstützen das Sicherheitspersonal bei der Wahrnehmung seiner Aufgaben:

- bessere Überwachungs- und Kontrollmöglichkeiten
- erleichterte Täteridentifizierung/Beweissicherung
- kürzere Interventionszeiten

7.3.1 Zutrittskontrollsysteme

Zutrittskontrollsysteme haben die Aufgabe, durch **Identifizierung von Personen** und deren **Zutrittsberechtigung** Personenbewegungen zu kontrollieren und den Zutritt zu geschützten Bereichen zu regeln.

Zusätzlich können sie bei unberechtigten Zutrittsversuchen **Alarm** z. B. in einer zugehörigen Notruf- und Service-Leitstelle (NSL) auslösen. Oft werden solche Systeme in der Praxis aber auch mit Arbeitszeiterfassungs- oder Wächterkontrollsystemen kombiniert. Üblich sind drei verschiedene Varianten:

Zutrittskontrollsysteme
Ausweissysteme
Codesysteme
Biometrische Systeme

Am häufigsten finden sich Ausweis- und Codesysteme. Beim **Codesystem** tippt der Nutzer einen mehrstelligen Code in ein Tastenfeld ein und erhält damit Zutritt. Bei **Ausweissystemen** werden Daten des Ausweises von einem Lesegerät erfasst (Magnetstreifen, RFID-Chip usw.) und so die Zutrittsberechtigung geprüft (vgl. Abb. 7.1).

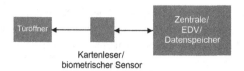

Abb. 7.1 Prinzip-Skizze eines Zutrittskontrollsys-
tems

Bei den neueren **biometrischen Systemen** werden vorab gespeicherte biome-
trische Daten der Nutzer (Fingerabdrücke, Iris, Sprache usw.) beim Zutritt
abgeglichen (Fingerabdrucksensor, Kamera usw.), bei Übereinstimmung erhält
die Person dann Zutritt.

Im Hintergrund sind die Systeme üblicherweise an ein EDV-System ange-
schlossen, um Bewegungen (Zutritte) zu speichern und zu protokollieren und
Doppelanmeldungen zu verhindern.

So kann beispielsweise für Zwecke der Beweissicherung auch im Nachhinein
genau geprüft werden, **wer, wann** und **wie lange** Zutritt zu einem Bereich hatte.

7.3.2 Videoüberwachung

Videoüberwachung wird überall dort eingesetzt, wo Personal nicht ständig vor
Ort ist, oder der Einblick nur schwer oder gar nicht möglich ist (tote Winkel,
Mauern, bei Nacht usw.). Mit Hilfe von Kameras lassen sich also weit größere
Bereiche überwachen, als das mit Personal allein möglich ist.

Zudem gestatten sie die **Beweissicherung** bei Straftaten durch Bildaufnahmen
und haben daher auch eine **abschreckende Wirkung** auf potenzielle Straftä-
ter, bzw. erleichtern im Nachhinein deren Strafverfolgung. **Bestandteile** einer
Videoüberwachungsanlage sind:

- Aufnahmeeinheit(en) – Kameras
- Verarbeitungseinheit (Übertragung, Aufzeichnung usw.)
- Ausgabeeinheit (Bildschirm, Drucker)

Dabei unterscheidet man verschiedene **Arten von Kameras:**

- Einfache Überwachungskameras (mit/ohne Zoom)
- Nachtsichtkameras (Infrarot oder Wärmebild)
- Röntgenkameras (z. B. in Justizvollzugsanstalten)

Aufgrund der mit Hilfe von Videosystemen erfassten Daten ist bei ihrem Einsatz stets das Bundesdatenschutzgesetz (BDSG) zu beachten (Zustimmung, Kennzeichnung, Speicherung und Verwendung der Aufnahmen usw.).

7.3.3 Gefahrenmeldeanlagen

Gefahrenmeldeanlagen werden je nach Einsatzzweck in drei Kategorien unterschieden: Einbruch-, Überfall- und Brandmeldeanlagen. Ihre Aufgabe ist es, drohende Gefahren frühzeitig zu erkennen und anzuzeigen.

Zusätzlich können auch so genannte Störmeldeanlagen mit aufgeschaltet werden. Diese dienen dazu, technische Störungen z. B. der (Not-)Stromversorgung, von Klimaanlagen und Servern oder anderer technischer Infrastrukturen (im weitesten Sinne auch Gefahren) anzuzeigen, um auf Ausfälle rechtzeitig reagieren zu können. Aufbau und Funktionsweise sind analog zu den Gefahrenmeldeanlagen, die im Folgenden beschrieben werden.

Gefahrenmeldeanlagen
Einbruchmeldeanlagen (EMA)
Überfallmeldeanlagen (ÜMA)
Brandmeldeanlagen (BMA)

Die **Gefahrenerkennung** erfolgt mit Hilfe von **Sensoren/Meldern,** die abhängig von der Risikobeurteilung an entsprechenden Stellen in einem Objekt platziert werden.

Die Anzeige erkannter Gefahren (aber auch Einschränkungen bei der Funktion der Anlage selbst – Störung, Sabotage) erfolgt je nach Bedarf mit Hilfe optischer und/oder akustischer **Signalgeber.** Zusätzlich kann auch die automatische Weiterleitung eines Signals an eine NSL und/oder die Polizei, Feuerwehr erfolgen.

Die Prinzip-Skizze einer **Gefahrenmeldeanlage und der Meldeweg** sind in Abb. 7.2 dargestellt.

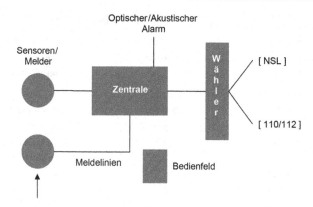

Sensorkontakt → Meldelinien → Zentrale → Alarm/NSL/110/112

Abb. 7.2 Prinzip-Skizze einer Gefahrenmeldeanlage und Meldeweg

In der Regel werden alle Ereignisse innerhalb des Systems protokolliert und sind entsprechend abruf- und auswertbar. **Bestandteile** sind mindestens:

- Melder (Sensoren)
- Meldelinien
- Energieversorgung (Normal-/Notstrom)
- Signalgeber und/oder Wähleinrichtung
- Zentrale
- Bedienelemente

7.3.3.1 Einbruchmeldeanlagen (EMA)

Einbruchmeldeanlagen dienen der Überwachung von Räumen, Flächen und Gegenständen und melden bei Auslösung eines Kontaktes. Hierzu unterscheidet man verschiedene Überwachungs- und Sensorarten:

Überwachung und Sensoren		
Kontakt-überwachung	**Außenhaut-überwachung**	**Freiland- und Raum-überwachung**
Elektronische oder elektro-magnetische Kontakte an Türen, Fenstern, Objekten usw.	Glasbruch, Kontaktdrähte, Erschütterungs-melder, Licht usw.	Boden-, Zaun- oder Streckenmelder, Bewegungsmelder (Kontakt, Vibration, Druck, Richtlaser, usw.)

7.3.3.2 Überfallmeldeanlagen (ÜMA)

Überfallmeldeanlagen sind unabhängig von Einbruchmeldeanlagen stets scharf geschaltet und können bei drohender Gefahr **manuell** durch entsprechende Schalter oder Kontakte ausgelöst werden.

In der Regel lösen sie einen **stillen Alarm** aus und melden die Auslösung direkt an eine NSL und/oder die Polizei weiter. Ein einmal ausgelöster Alarm kann dann nur durch externes Personal abgeschaltet werden. Dies soll verhindern, dass Mitarbeiter von Tätern trotz weiter drohender Gefahr zum Abschalten gezwungen werden und so ein Eingreifen verhindert wird. Auslöser sind z. B.:

- Notrufschalter (Hand/Fuß)
- Kontaktschalter (z. B. beim Entfernen des letzten Geldscheins aus einer Kasse)
- Eingabe bestimmter Codes (der Täter merkt nichts, da der Zugang scheinbar normal gewährt wird, der stille Alarm läuft aber im Hintergrund)

7.3.3.3 Brandmeldeanlagen (BMA)

Neben Straftaten sind Brände die größte Gefahr für Objekte. Brandmeldeanlagen erlauben durch ihre Sensoren eine **flächendeckende Überwachung** von Gebäuden und ermöglichen so, **Brände frühzeitig** zu **erkennen.**

Ist die Brandmeldeanlage mit Brandschutzeinrichtungen verbunden, kann sie zusätzlich zur Auslösung eines **Alarmes** je nach Bedarf auch automatisch **Gegenmaßnahmen** einleiten, wie z. B. Sprinkleranlagen auslösen oder Brandschutztüren schließen. Folgende Meldearten werden unterschieden:

- Temperaturmelder
- Rauchmelder
- Flammenmelder
- manuelle Auslöser

7.3.4 Wächterkontrollsysteme

Die Wächterkontrolle dient den Bewachungsunternehmen intern als **Kontrolle über durchgeführte Tätigkeiten** (Kontrollgänge) und zum Nachweis gegenüber den Auftraggebern.

Ältere Systeme funktionieren dabei noch manuell mit Schlüsseln, während neuere Varianten mit (Chip-)Karten oder per Funk gesteuert sind.

Das Grundprinzip ist aber allen Systemen gleich, die Sicherheitsmitarbeiter werden bei Kontrollen an bestimmten Punkten (Kontrollpunkte) registriert und die Daten zu Ort, Zeit und Mitarbeiter gespeichert.

7.4 Kommunikationsmittel

Die taktische Bedeutung von Kommunikationsmitteln kann in modernen Einsatzszenarien nicht hoch genug eingeschätzt werden. Gerade in größeren Räumen gewährleisten sie ein schnelles Eingreifen und eine zielgerichtete Koordination der Kräfte.

Kommunikationsmittel	
Drahtgebundene	**Drahtlose**
Ortsfeste Kabelnetze (digital, analog) Telefon, Fax, Daten	Mobil-, Betriebs- und Bündelfunk Mobiltelefone, Handsprechfunkgeräte
Zuverlässig in der Funktion und hohe Abhörsicherheit, hohe Installationskosten, nur an vorbereiteten Anschlüssen nutzbar	Mobil - keine vorbereiteten Anschlüsse notwendig, schnelle Inbetriebnahme, je nach System und Umgebung aber beschränkte Reichweite und örtliche Verfügbarkeit (Funkloch, Funkschatten, geringe Rechweite in Gebäuden und Anlagen), geringe Abhörsicherheit

Je nach technischen und räumlichen Gegebenheiten und dem Einsatzzweck wird dabei auf drahtgebundene oder drahtlose Kommunikationsmittel zurückgegriffen. Die vorstehende Übersicht zeigt die verschiedenen Arten mit ihren Vor- und Nachteilen.

Wegen der großen Bedeutung für die Praxis finden sich in der nachfolgenden Übersicht noch die Unterscheidungsmerkmale zwischen Betriebs- und Bündelfunk.

Funksysteme	
Betriebsfunk	**Bündelfunk**
Nutzung von Gemeinschafts-frequenzen	Exklusiv zugewiesene Frequenzen
Geringe Abhörsicherheit	Hohe Abhörsicherheit
Keine Einwahl ins Telefonnetz möglich	Einwahl ins Telefonnetz möglich
Eingeschränkte Übertragungsqualität	Gute Übertragungsqualität

7.4.1　Handsprechfunkgeräte

Die Abb. 7.3 zeigt den prinzipiellen Aufbau von handelsüblichen Handsprechfunkgeräten, wie sie häufig im Einsatz bei Sicherheitsdiensten sind. Insbesondere natürlich für den mobilen Einsatz bei Kontrollgängen und im Revierdienst bieten sich solche kleinen mobilen Geräte an.

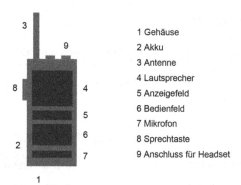

1 Gehäuse
2 Akku
3 Antenne
4 Lautsprecher
5 Anzeigefeld
6 Bedienfeld
7 Mikrofon
8 Sprechtaste
9 Anschluss für Headset

Abb. 7.3 Prinzipieller Aufbau von Handsprechfunkgeräten

Wird ein Funkgerät übernommen, sind jedes Mal dessen Zustand und besonders die Funktionsfähigkeit zu prüfen:

- äußerliche Beschädigungen und Vollzähligkeit
- Ladezustand des Akkus
- Funktionskontrolle (Frequenzeinstellung!)

Den prinzipiellen Aufbau von Handsprechfunkgeräten stellt Abb. 7.3 dar.

7.4.2 Grundsätze im Sprechfunkverkehr/Funkdisziplin

- Gespräche möglichst kurz halten (Kanal nicht blockieren)
- formelles „Sie" aber keine Höflichkeitsfloskeln („bitte lassen Sie das ‚Bitte' am Funk weg")
- klar und deutlich sprechen
- Eigennamen buchstabieren, einleiten mit „ich buchstabiere ..."
- Zahlen eindeutig aussprechen („zwo" und „drei")
- Anruf: mit dem Namen des Teilnehmers beginnen, dann eigenen Namen nennen („Leitstelle, hier Streife 1, kommen")
- Übergabe an Teilnehmer mit „kommen"
- Wer das Gespräch beginnt, beendet dies auch, Ende des Gesprächs mit „Ende"
- Fragen einleiten mit „Frage"
- Sicherheit/Datenschutz beachten (Nennung von Namen, Orten usw. nur wenn nötig)

7.5　Brandschutz

Betrieblicher Brandschutz besteht aus **vorbeugendem** und **abwehrendem** Brandschutz. Darunter versteht man alle Maßnahmen, die getroffen werden, um die Entstehung und Ausbreitung von Bränden zu verhindern und **Schäden** durch Schadenfeuer zu minimieren.

Brandschutz	
Vorbeugender	**Abwehrender**
Technische, bauliche, organisatorische und personelle Maßnahmen zur Brandverhütung bzw. Schadenminimierung für den Brandfall	Technische, organisatorische und personelle Maßnahmen zur Brandbekämpfung und Schadenminimierung

Schäden, die durch Brände entstehen können, sind vielfältig. Neben **Personen- und Sachschäden** entstehen in der Folge eines Brandes meist auch Vermögens- und Umweltschäden.

Vermögensschäden entstehen dabei durch den Ausfall von Produktionsanlagen, Geschäftsräumen und ähnlichem. Der Betrieb ist teilweise oder vollständig für eine gewisse Zeit unterbrochen.

Umweltschäden entstehen hauptsächlich durch Löschmittel, aber auch, indem andere schädliche Stoffe während des Brandes in die Umwelt gelangen.

7.5.1　Entstehung von Bränden und Klassifizierung

Brände haben vielfältige Ursachen – technische Defekte, Unachtsamkeit im Umgang mit Feuer und brennbaren Stoffen, aber auch Straftaten wie Brandstiftung.

Voraussetzung für die Entstehung und Ausbreitung eines Brandes ist jedoch stets das Vorhandensein von **drei Komponenten:**

- **brennbarer Stoff**
- **Sauerstoff**
- **Zündenergie**

Kommen alle Komponenten im richtigen **Mischungsverhältnis** zusammen, entsteht ein Brand.

Je nach brennbarem Stoff unterscheidet man verschiedene **Brandklassen** mit den zugehörigen **Löschmitteln**. Es ist unter anderem die Aufgabe des vorbeugenden Brandschutzes, jeweils geeignete Löschmittel an potenziellen Brandherden vorzuhalten.

Brandklassifizierung		
Klasse	**Brennbare Stoffe**	**Löschmittel**
A	Feste Stoffe, die unter Flammen- und Glutbildung verbrennen. (Kohle, Holz, Papier)	Wasser, Pulver, Schaum
B	Flüssige oder flüssig werdende Stoffe (Alkohol, Benzin, Lacke)	Pulver, Schaum, CO_2, N_2
C	Gase (Wasserstoff, Methan, Propan)	Pulver, CO_2, N_2
D	Metalle oder Legierungen (Magnesium, Natrium)	Pulver, N_2, Sand
F	Organische Fette und Öle (Fritteuse usw.)	Pulver, Schaum CO_2, N_2

7.5.2 Vorbeugender Brandschutz

Unter vorbeugendem Brandschutz versteht man alle technischen, baulichen, organisatorischen und personellen Maßnahmen zur Brandverhütung bzw. Schadenminimierung im Brandfall.

Technische Maßnahmen sind (siehe auch Gefahrenmeldeanlagen):

- Brandmelde- und -bekämpfungsanlagen (BMA, automatische Brandschutztüren, Sprinkleranlagen usw.)
- Rauch- und Wärmeabzugsanlagen
- sauerstoffreduzierte Räume

Bauliche Maßnahmen sind:

- Verwendung nicht oder schwer brennbarer Stoffe
- Brandwände und -abschnitte
- stationäre Feuerlöschanlagen

Organisatorische Maßnahmen sind:

- Brandschutzpläne (Flucht- und Rettungspläne usw.)
- Dienstanweisungen (Umgang mit brennbaren Stoffen, Gefahrenquellen usw.)
- Funktionsprüfungen, Brandschutzprüfungen

Personelle Maßnahmen sind:

- Brandschutzbeauftragter
- Belehrung des Personals, Brandschutzübungen
- Brandschutzhelfer

Brandschutzkontrollen (gehören streng genommen zu den organisatorischen Maßnahmen des vorbeugenden Brandschutzes; die Durchführung erfolgt durch Sicherheitsmitarbeiter oft im Rahmen der ohnehin durchzuführenden Kontrollgänge):

- Einhaltung von Rauchverboten
- Lagerung gefährlicher Stoffe
- Ablagerung von Abfall
- Funktion und Freiheit von Brandschutztüren
- Vollzähligkeit von Feuerlöschern (Sichtprüfung) und anderen Brandbekämpfungsmitteln
- Vorhandensein von Flucht- und Rettungsplänen
- Einrichtungen für die Feuerwehr
- Flucht- und Rettungswege, insbesondere Funktion der Beleuchtung und freie Zugänglichkeit
- Vorhandene Ablagerungen (Gefahr der Selbstzündung)

7.5.3 Abwehrender Brandschutz

Unter abwehrendem Brandschutz versteht man alle technischen, organisatorischen und personellen Maßnahmen zur Brandbekämpfung bzw. Schadenminimierung.

Selbstverständlich hat die Rettung von Menschenleben stets Vorrang vor der eigentlichen Brandbekämpfung (vgl. auch Abb. 7.4).

BRAND MELDEN → MENSCHEN RETTEN → BRAND BEKÄMPFEN

1. Brand melden	2. Menschen retten	3. Brand bekämpfen
Wer meldet?	Sich selbst und	Wenn dies ohne
Was brennt?	gefährdete Personen	Gefahr möglich ist
Wo brennt es?	retten.	und geeignete
Wie viele Personen	Türen und Fenster	Löschmittel
sind verletzt?	schließen.	vorhanden sind.
Rückfragen	Fluchtwege benutzen.	
abwarten!	Keine Aufzüge!	

Abb. 7.4 Verhalten im Brandfall

Die **Bekämpfung** des Brandes mit Löschmitteln führt je nach eingesetztem Mittel zu folgenden Effekten:

- **Ersticken** durch Trennung von Sauerstoff (Störung des richtigen Mischverhältnisses → Schaum, CO_2)
- **Kühlen** (Entzug der Zündenergie → Wasser, Schaum)
- **Inhibitionseffekt** (Stopp der Verbrennungsreaktion durch Verzögerung des Reaktionsgeschwindigkeit mit Sauerstoff → Pulver)

7.5.3.1 Feuerlöscher und deren Gebrauch

Je nach Gefährdungslage müssen ausreichend funktionsfähige Feuerlöscher für die wahrscheinlichen Brandklassen vorgehalten werden. Ihre **Position** ist im **Flucht- und Rettungswegeplan** verzeichnet. Angebracht werden sie **leicht zugänglich** in etwa **einem Meter Höhe** über dem Boden und einem zusätzlichen **Hinweisschild auf Augenhöhe.**

Beschriftung auf dem Feuerlöscher:

- Bedienungsanleitung schriftlich und bebildert (Piktogramme)
- Bezeichnung der geeigneten Brandklassen
- Nachweis der Funktionsprüfung (alle zwei Jahre)

Dabei zeigen die Piktogramme auch, wie der Feuerlöscher vor Gebrauch funktionsfähig zu machen ist. Dies geschieht entweder durch einen **Druck- oder Schlagknopf** oder durch Ziehen eines **Sicherungsstiftes.**

Arten von Feuerlöschern:

- Gasdrucklöscher (meist mit CO_2)
- Dauerdrucklöscher (sofort einsatzbereit)
- Aufladelöscher (Druckpatrone muss vor Gebrauch aktiviert werden)

Beim **Gebrauch** sind folgende Regeln einzuhalten, um ein effektives Löschen zu gewährleisten und sich selbst nicht zu gefährden:

- **Windrichtung** beachten, immer mit dem Wind löschen
- **Flächenbrände** immer von vorne und von unten löschen
- **Tropf- und Fließbrände** von oben löschen
- **Viel hilft viel,** wenn möglich, mehrere Feuerlöscher auf einen Punkt konzentrieren, nicht nacheinander einsetzen
- nach dem Löschen den Brandherd nicht verlassen (**Wieder aufflammen**)
- nach dem Brand das **Wiederauffüllen** des Löschers veranlassen

7.6   Notruf- und Serviceleitstellen (NSL) und Intervention

Als besondere Form der Einsatzzentrale haben Notruf- und Serviceleitstellen im Wesentlichen die gleichen Aufgaben wie „normale" Einsatzzentralen.

> **Notruf- und Serviceleitstellen (NSL) nach DIN 77200**
> ist ein gesicherter, ständig besetzter Bereich eines Auftragnehmers, in dem Alarmempfangseinrichtungen für Gefahrenmeldungen betrieben und von dem aus Interventionen eingeleitet, überwacht und dokumentiert werden.

Im Gegensatz zu diesen gelten hier jedoch spezielle Vorgaben. NSL werden vom Verband der Schadenversicherer (VdS) gesondert geprüft und zertifiziert. Einschlägig sind die VdS-Richtlinien 3138-1 (Anforderungen) und 3138-2 (Anerkennungsverfahren).

Die NSL muss durch eine leitende NSL-Fachkraft (L-NSL-FK) mit entsprechender Qualifikation nach den VdS-Richtlinien, die hauptberuflich im Unternehmen beschäftigt ist, geleitet werden. Das darüber hinaus eingesetzte Personal muss über die Qualifikation als NSL-Fachkraft (NSL-FK) nach den VdS-Richtlinien verfügen. Beide Qualifikationen sind durch eine gesonderte Prüfung nachzuweisen.

Wird die Alarmverfolgung durch eigenes Personal durchgeführt, spricht man von **Interventionsdienst.** Dies ist nach DIN 77200 die Durchführung von Maßnahmen am Ereignisort innerhalb einer festgelegten Zeit (Interventionszeit).

Interventionsdienst nach DIN 77200
umfasst die Durchführung vereinbarter Maßnahmen am Ereignisort innerhalb einer festgelegten Zeit (Interventionszeit).

Für den Interventionsdienst ist nur geeignetes, zuverlässiges und gesondert ausgebildetes Personal einzusetzen. Vorgeschrieben ist zusätzlich zur Sachkundeprüfung als Mindestvoraussetzung eine mindestens 24-stündige Schulung mit anschließender Prüfung bei einer anerkannten Sicherheits- und Werkschutzschule oder den Verbänden für Sicherheit in der Wirtschaft.

Im Alarmfall begibt sich die Interventionskraft (IK) zum betreffenden Objekt und prüft zunächst, ob es sich um einen Fehlalarm oder eine reale Alarmierung handelt (Alarmverfolgung). Handelt es sich um einen realen Alarm, verschafft sich die IK einen Überblick über die Situation und veranlasst noch vor Ort entsprechende Maßnahmen:

- Prüfung des Alarms
- Lagefeststellung am Objekt
- Information an inner- oder außerbetriebliche Hilfe leistende Stellen (Polizei, Feuerwehr usw.)
- Information der Einsatzzentrale/NSL

Nach Beendigung des Einsatzes werden nochmals alle Informationen in der Zentrale zusammengefasst und ausgewertet. Die abschließende Auswertung stellt sicher, dass gemachte Fehler für die Zukunft vermieden und das Reaktionsverhalten kontinuierlich verbessert werden. So kommen beispielsweise auch Aspekte ans Licht, die im Vorfeld des Einsatzes nicht oder nicht in dieser Art absehbar waren, zukünftig jedoch in den Prozess eingearbeitet werden müssen.

Literatur- und Quellenverzeichnis

Bücher

Christie A (2013) Das Sterben in Wychwood. Berlin
Erhard E (2013) Strafrecht für Polizeibeamte. Stuttgart
Geist H (2003) Bei Einbruch Alarm. Aachen
Glasl F (2009) Konfliktmanagement. Ein Handbuch für Führungskräfte, Beraterinnen und Berater. Bern
Gundel S, Mülli L (2009) Unternehmenssicherheit. München
Haeske U (2005) Kommunikation mit Kunden. Bodenheim
Hansmann K, Seltner D (2007) Grundzüge des Umweltrechts. Berlin
Hücker F (1997) Rhetorische Deeskalation. München
Jacobs P, Preuße M (2015) Kompaktwissen AEVO. Köln
Merschbacher A (2006) Brandschutz. Köln
Nerdinger FW (2008) Grundlagen des Verhaltens in Organisationen. Stuttgart
Nerdinger FW, Blickle G, Schaper N (2008) Arbeits- und Organisationspsychologie. Heidelberg
Olfert K (2012) Personalwirtschaft. Herne
Pühl H (2008) Angst in Gruppen und Institutionen. Berlin
Schwab D, Löhnig M (2007) Einführung in das Zivilrecht. Heidelberg
Steckler B, Bachert P, Strauß R (2010) Arbeitsrecht und Sozialversicherung. Herne
Wenk E (1999) Objektschutzplanung für Führungskräfte im Sicherheitsbereich. München

Broschüren

Bundeskriminalamt: Verhalten und Maßnahmen bei Bombendrohungen
Bundesministerium des Inneren: Schutz Kritischer Infrastrukturen – Basisschutzkonzept
Gesamtverband der Deutschen Versicherungswirtschaft e. V.: Leitfaden für den Brandschutz

© Springer Fachmedien Wiesbaden GmbH, ein Teil von Springer Nature 2023   171
R. Schwarz, *Sachkunde im Bewachungsgewerbe (IHK)*,
https://doi.org/10.1007/978-3-658-38142-4

Richtlinien und Normen

VdS-Richtlinien: 2163, 2358, 2386, 2450, 2466, 3138-1, 3138-2, 3427 und 5461
DIN 77200
DIN EN 356, 1063, 13541

Internet

DIHK dihk.de
Gesetze im Internet gesetze-im-internet.de
IHK Berlin ihk-berlin.de
Luft J, Ingham H. Johari Window. The model, online PDF
Veraltungsberufsgenossenschaft vbg.de
Verband der Schadenversicherer vds.de

Stichwortverzeichnis

© Springer Fachmedien Wiesbaden GmbH, ein Teil von Springer Nature 2023
R. Schwarz, *Sachkunde im Bewachungsgewerbe (IHK)*,
https://doi.org/10.1007/978-3-658-38142-4

LEHRBUCH

Robert Schwarz

Geprüfte Schutz- und Sicherheitskraft (IHK)

Lehrbuch für Prüfung und Praxis

6. Auflage

Springer Gabler

Printed in the United States
by Baker & Taylor Publisher Services